JN246080

癒し

あなたは信仰によって癒される

越前　喜六 編著

教友社

巻頭言

『癒し』を届けるに当たって

イエズス会日本管区管区長　デ・ルカ・レンゾ

毎年、会員たちの原稿を中心に出すことになったこのシリーズですが、今年は「癒し」をテーマとして選びました。

考えて見れば、私が来日した三〇年前には、漢字はともかく、「いやし」という言葉がほとんど使われていませんでした。最近になってキャッチフレーズとして「癒し」が用いられるようになりました。「癒しの場」「癒しの空間」「癒しの体験」などが現代人の惹かれる表現になりました。それは、言うまでもなく、言葉の響きより、現代人が「癒し」そのものを求めているからでしょう。しかし、何年か前と異なって、特徴として、医療的な癒しより、身体と精神の統合、心が安らぐような癒しが求められています。そうすると、医学だけでもなければ、宗教だけでもないような体験が必要になってきたように思います。その点において、何世紀か前の「宗教」が果たしてきた役割が求められるようになったと言えましょう。おそらく、科学的とそうでない分野を分けすぎた現代の学問について行けない部分が現れてきたのでしょう。つまり、学問として人間の精神と身体を分けて研究する、また医療をすることができても、その両方を備えた人間に分けきれないところがあると感じている私たちの姿でしょう。私たちは「癒し」というどちらでも用いることのできる分野を求めているような気がします。

聖書の世界を考えればイエスの「癒し」がその両方を意味していることは明確です。旧約聖書に「何事にも時があり……裂く時、縫う時」（コヘ3・1、7）とあるように、いわゆる「近代」が「裂いてきた」ものに飽きて「縫う」体験をしたくなった時だと私は解釈しています。そうであるとすれば、「癒される体験」が新しいものというより、本来、人間に欠かせないものであり、現代の医学も宗教もそれを与えないとすれば、別な形でそれを得ようとする要求であると見ていいでしょう。

この本によって現代人が求めている「癒し」をすこしでも与えることができたら幸いに思います。この出版に関わった人々全員に心から感謝いたします。（管区長）

まえがき

二〇一八年のイエズス会日本管区の文書伝道が「癒し」をテーマにした書籍を出版することになったのは、管区長の示唆もあるが、イエズス会士の多くが高齢化を迎え、嫌でも応でも自分自身の病気に直面することになったからではないかと思う。編者のわたし自身、生まれつき虚弱体質な上、戦前・戦中・戦後という非常事態時に幼・少・青年時代を過ごした人間にとっては、健康であるとは奇跡みたいなものであった。その意味で、わたし自身の入会は、身体の健康をもたらしてくれた大きな恵みの一つと感謝している。満足のゆく食事が一日三度もできたということは、戦後の日本人にとっては、救いの恵み以外の何物でもなかった。

ところが、年齢を重ねるうち、わたしたちは身体においても、精神や心においても、また魂においても、さまざまな病や不健康に直面することになる。その時、健康や癒しに関する知識や知恵があるかどうかで、楽か苦かの路に分かれていくのではないだろうか。率直な感想として、修友としての会員が、自分の健康管理に無関心な結果、病気に苦しんでいるのを見聞すると、わが事のように辛い。

昔、読んだ本の中に、神は、人の身体的生命が優に三百歳まで生きられるように創造された、という文章に出会ったことがある。それが百歳未満で死去を迎えるのは、人々が身体の生命を粗略に扱ったからだという。福音書における主イエスの言葉を待つまでもなく、現世においては、健康であるということが、一番大切なことではないだろうか。わたしの中学時代の親しい友人は、がんで早く亡くなった。病院の病室に見舞いに入った時、彼は痩せ衰えた体を起こし、わたしを見て、「喜六さん、僕はもう駄目だよ」と言われた言葉が忘れられない。彼は、早稲田大学を卒業した後、定年まで早稲田大学の事務局長をしていた。その彼は、クラス会で会うたびに、「健康第一だね」と言っていた。

わたしたちは身心健康であってこそ、生活をエンジョイし、さまざまな有益な活動を世のため人のためにすることができるのである。反対に、病気になれば、健康を回復するために、多くの出費や人々の援助が必要となってくるのではないだろうか。生まれつき、ご先祖様からの遺伝で健康に恵まれた宣教師が多い。まあ、健康でなければ、日本まで派遣されることもなかったかもしれないから当然であろう。しかし、身心の健康に対する感謝の念をもって、健康管理をしないならば、いくら健康な身体をご先祖様から頂いたとしても、病に罹り、死亡するのではないだろうか。「身体髪膚（しんたいはっぷ）之を父母に受く。敢えて毀傷（きしょう）せざるは、孝の始めなり」と中国の古典『孝経』にもある。だから、健康管理は親孝行のはじめではないだろうか。わたしは、幼少時に両親を亡くしているので、旧制の中学でこの言葉を習ったときはピンと来なかった。しかし、現在は、霊的司牧の対象になる人々がいるので、健康は疎かにできないと考えている。

神は、人が健康で幸せであることを喜んでおられる。だから、健康のために人が色々なケアをすることを祝福される。これは、わたし自身の経験からも実感できる。

本書は、九名のイエズス会神父と一人のカトリック詩人と一人の著名な禅僧の著述をまとめたものである。彼らは、こうした病気や癒しや健康の問題を、自分自身の体験を踏まえながらも、カトリックの信仰、あるいは禅宗の教えを基に、説き、論じた書物である。

最初に、文学者の高柳俊一師は、「『癒し』の人間学」として、「癒し」に関して、聖書と文学と神学の方面から理論的にも、実践的にも有益な論考を展開している。筆者は、論考の執筆前に病気に倒れたので、退院後に書かれたものである。

新進気鋭の神学者、角田佑一師は「癒し――神との出会いの出来事」と題し、聖書と神学の立場から「癒し」の問題を論じ、それは究極的に神との出会いの体験が癒しを惹き起こすのではないかと論じている。そして、二〇一一年の東日本大震災の二年後、釜石市に出掛け、ボランティア活動に参加した経験を感動的に記している。

神学者の増田祐志師は、「癒しと救いの宣教」と題し、イエスの宣教が、人々のさまざまな病気・疾患の癒しや災厄等の苦難からの解放と救済をもたらしたと指摘しながら、今日の教会の使命も主イエスのなさった「癒し」と「救い」を人々にもたらすことであると論じる。

越前喜六師は、人間学の立場から、「癒し」の問題を多角的に論じ、身体・精神・心・魂の健康とは何か、どうしたら本当の健康が得られるかを説いている。

デ・ルカ・レンゾ師は、キリシタンの専門家として、キリシタン時代の「癒し」の事例を興味深く取り上げながら、現代においても、癒しを体験することによって、人としても成長していきたいものだと結んでいる。

片柳弘史師は、現在は広島教区の小教会の司祭として司牧活動に励んでいるが、かつてインドのコルコタで、聖マザー・テレサの許で働いていたことがある。その体験が彼の貴重な精神的遺産になっていると感じる。こうした聖マザー・テレサの影響もあってか、癒しを「神の愛に触れ、心が愛で満たされる体験」と定義している。すばらしい言葉だと思う。

ジェリー・クスマノ師は、カウンセリング心理学者でもあるので、その専門の手法でかつてアメリカにいる時に、実際に癒しをもたらしたケースについて語っている。

ボネット・ビセンテ師は、長年にわたってカトリックの社会司牧に携わってきた経験から、社会における癒しと福祉の問題を分かり易く解説し、かつそこに含まれる諸問題を論じている。

萱場基師は、長年にわたる中・高の教諭として教鞭を執ると共に、学校の経営や運営に携わってきた経験から、色々な実例を挙げて、学校が共同体として立派に癒しの働きをしていると説く。

これまでは、イエズス会日本管区の会員の記事や論稿であるが、これから載せる二人の著者は、詩人と禅僧の老師である。

岡野絵里子氏は、詩人として、詩の言葉の持つ癒しの力を見事に表現し、紹介されている。旧約聖書の詩編は立派な祈りの文句であり、他にも、聖人の言葉は、詩である、という文章には説得力がある。

西村惠信師は、臨済宗の僧侶で、花園大学の名誉教授であり、元学長でもあった。編著者であるわたしの長年にわたる畏友であり、超多忙のところ、禅宗の癒し力について、素晴らしい論稿を執筆してくれた。深謝したい。

以上、本書に寄稿してくださった諸先生に心から感謝申し上げたい。わたしたちは、身分・職業の如何を問わず、神から、人々の癒しと救いのためにはたらくよう派遣されている者にほかならない。この使命（ミッション）を果たすために、各人の置かれた場で、この著書を勧めて欲しいと思う。それを懇願して「まえがき」とする。

二〇一八年八月一五日　　聖母マリアの被昇天の祭日

編著者

目次

第1部　イエズス会士の語る「癒し」

「癒し」の人間学　思索のこころみ

――その構築の周辺――

高柳　俊一

前置き――信仰意識の問題

「癒し」とか「癒す」をテーマにした、この文章を引き受けたとき、脳裏に浮かんだのは、「メディシン・マン」(medicine man) のことであった。一九七〇年代の頃だったと思うが、当時、フランスあたりから導入されたこの言葉が、文化人類学に関心があった教養人の間で広まり、頻繁に使われ、やや流行化していた感があった。文化人類学は、古典的な自然科学の生物学に近い学問とは異なり、歴史、地理等を混合した、今で言う“interdisciplinary”な性格の分野であった。

それが当時流行しはじめた構造主義的な学的傾向と統合し、一九世紀以後の古典的な観念論哲学のものとは異なる学問形態をつくり上げ始めていたわけである。「メディシン・マン（シャーマン）」とは、日本語で言えば、未開社会、文字をもたない原始部族の集落で「まじない」によって病気からの快復を祈り、妖術で癒すために訓練された妖術師のことを指す。彼らの癒しの方法は、それによって「悪霊」を患者の体内や身辺から追放し、健康を取り戻させることであった。

一　癒しと祈り

「癒し」、「癒す」とは病や傷を治し、本来の行動を行えるまでに快復させるということである。聖書の字句事典はいくつかあるが、どれも「癒し」、「癒す」の項目にはかなりのスペースが与えられているようである。「癒す」は、おおざっぱな言い方だが、新約聖書のイエスの振舞いの背景にあるものだと言えるであろう。旧約聖書の読書や理解のためにも「癒し」の行為、あるいは「癒す」という内面的な姿勢は無視できない。

ここでは、旧約聖書のものをまず取り上げて「癒し」の意味の理解をはじめることにし、そこから聖書全体における「癒し」の位置づけを探り、分析し、今日、「癒し」、「癒す」をどう理解したらいいのか、そのキリスト教的思想における位置づけを探る手掛かりにしたいと思う。

と言うのは、現在、今の関連でこの言葉は「なおす」、治療する行為とかかわりをもってはいるが、「治療（する）」は少なくともより医学的に響く言葉である。だから、それは医学的な行為の世界の一部、あるいは、その基盤から展開し、医療の世界を構成している。

この場合、「癒す」という表現は「治癒」という専門用語に確かにつながっていくが、しかし、それでも、この用語が完全に妖術的なニュアンスからは解放され、ことばを取り囲む雰囲気と暗示が「非神話化」され、純粋な近代的医学専門用語として一般社会の常識言語の世界の中で流布しているのかどうか、については疑問が残されるのではなかろうか。私見だが、それには大いに疑問が残る。だからこそ、「癒し」にはどちらかと言うと、「呪い的」な雰囲気を醸し出す要素が無限に残されているのではないだろうか。

その理由は少なくとも、「祈り」的な感覚がその中核に、無限に奥深くいつまでも残されているからのようである。いや、時にはそのような場面においてはそれが祈りの行為の一部になっていることがあるのではなかろうか。存在の無限に奥深いところにある「癒し」の本質は何なのであろうか。わたしには、これを絶対的隠喩であると考えるほかに手立てはないように思われる。「隠喩」とはある文面を飾り立てる修辞的手段ではなく、わたしたちの言語生命の奥深くに脈動しているものなのであろう。それが、ある時には、意識の表層に現れ、明晰になり、思いがけない波乱を起こすこともありうるのである。

二 「癒し」——旧約聖書の知恵文学からの展開（福音書のイエスの奇跡とことば）

以下の引用は旧約聖書続編からの引用である。おおざっぱに聖書続編と呼ばれ、知恵文学というカテゴリーに属し、全体を通して読んでみれば、感知できるのだが、旧約聖書本体とは異なった雰囲気を醸し出し、生きるための実践を教えようとする教訓的目的が感じ取られる作品群だ、と言ってもいいであろう。例えば、以下のようなくだりがある。

子よ、病気になったら放置せず、
主に祈れ。そうすれば、主は治してくださる。
過ちを犯すな。手を汚すな。
あらゆる罪から心を清めよ。（シラ―集会の書―38・9）

聖書続編には詩的表現に満ちた部分とこのように散文的、実利的な表現で満ちており、日常の道徳生活を推進し、専ら推し進めようとする傾向の箇所がしばしば登場する。神の知恵そのものの賛美には美しいものがあるが、日常の信仰生活についてはしばしば散文的、信仰=実利的傾向が、多くの場合強いようでもある。

注意して読まなくてはならないのは、おそらく散文的で実利的、道徳的な表現を越えるような詩句であろう、と思われる。もちろん、以下の引用は旧約聖書続編がいわば当時の旧約聖書とそれに続き、取り囲む聖書文学の一環だろうが、知恵は律法を高め、純粋化し、それを読み、瞑想する人の知的世界がその暗喩の言語世界が無限の拡がっていくのを支えているように思われる。暗喩は文章につけられたただの飾りではない。それは人間の癒しの無限な探求を支え、広げ、高めていく。

わたしの魂は熱心に知恵を求め、
細心の注意を払って律法を行った。
わたしは天に向かって両手を上げ、
知恵をまだ知らないことを嘆いた。
わたしは魂をひたすらに知恵に向け、
身を清く保って、知恵を見いだした。
わたしは知恵とともに初めから理解する心を得た。

それゆえ、わたしは見捨てられることがない。（シラ51・19―20）

三「癒し」における成長を探し求める

「癒し」とは、わたしたちが病気にあった状態から以前の通常の健康状態を取り戻し、日常生活ができるようにまでに回復したことによって、社会の中で以前と同じように、あるいは、ある程度の貢献ができるようになったことを「癒し」と呼んでいたと言っていいであろう。しかし、もう六〇年ぐらい前までは、「癒し」という言葉はやや疑わしく、多少とも注意して使わなければならなかったと思わる。「治療」、「療養」などの言葉は完全にそのようなニュアンスを酔わすことはなく、純粋に医学用語であったようである。

「癒し」にはどうもいかがわしく、疑わしい気配がしたものである。そのような時期もあったようである（かつてはいわゆる新興宗教を指示するのに使われていたと思われる）。第二バチカン公会議以前の近代カトリシズムでは、教会はその根幹に合理主義的な傾向を示し、神秘性や非合理性を少なくとも、その公的な教えでは排除しようと努めていた。もちろん、純粋に霊性用語でもなかったが、だからと言って、医学専門語彙のカテゴリーに完全に適合するとは言いがたかったようであった。

もう大昔ということになりそうだが、前世紀の中頃から少しずれたことになってしまった。一九五〇年代中頃、ニューヨーク、つまりアップ・タウンにある私が学んでいたフォーダム大学・大学院に留学中であったが、その下のマンハッタンにある公共図書館に行こうと思うならば、一二〇番街あたりの地下鉄駅で降りて、数百メーターを歩いて地下鉄の別の駅まで歩いて行って乗り換えなければならなかった（夜だったら、走って乗換駅に行ったであろう。危険だといわれていた地域の中だったから）。そこは、ニューヨークのハーレム、つまり、黒人居住地の一角であり、ハーレムではアップ・タウンのブロンクスに隣接する地域の、地下鉄駅の途中には彼らの教会があった。日曜日そこにあった黒人教会に物珍しさから入ってみた。大変な熱気とジャズ風のスピリチュアル音楽に圧倒され、そうそうに乗り換えの別の地下鉄駅に逃げ込んだものであった。

これがいわゆる「ペンテコスタル」の音楽と礼拝であった。今では「ペンテコスタル」はしだいに社会の中で落ち着いた地位をもち、上層階級に近い社会層から政治的にも尊敬される地位を与えられるまでになったが、当時は「ペンテコスタル」なるキリスト教、プロテスタント教派はほとんど知られてはいなかった。それは、白人の White, Mainline Protestant のキリスト教とはまったく異なった礼拝であり、熱狂的な雰囲気が醸し出され、会衆の祈りも熱が上がってくると絶叫に近く、ジャズ楽器の大きな音がそのことに拍車をかけ、一種の混乱情況を醸し出していた。それに加えてあの単純な叫び声、yes, we do とか、祈りの言葉が不足すると、「アーメン、アーメン」の連発、繰り返し。このような熱狂の真ん中にいると、人は常軌を失うものである。これが他教派、それでもキリスト教の一派なのであった。これが宗教行事、日曜日の礼拝行事だったのであろうか。当時はエキュメニズムの意識は希薄であり、このような集会は長く耐えられる類のものではなく、人々は、はじめからこの種の宗教行事に近づかなかったであろう。

このことは、明確な制度や思想体系、はっきりとした宗教意識の枠組みをもった「カトリック教会」の知識層の人間にとっては特にそうであった。教会の整然とした位階的制度、理知的な神学思想体系（トマス・アクィナスの『神学大全』）、等々、上下の区別は明解に定められているように感じられた。しかし、それを補充するようにして多様で、それぞれ特徴のある多岐にわたる信心の形態、理知的な信仰の表現形態が見られたことも確かだったと言っていいであろう。しかし一時は、ロマン主義的思考の傾向が芽生えたが、すべては理念化・合理化され、教会は制度として機械論的構造をもつようになっていき、硬直化へ向かっていった。今からふり返って見れば、それはいかにも教会制度と教会生活の日常に、思いがけなくも啓蒙思想が裏口から入り込み、ダイナミックな傾向が失われてしまっていたと思われてもしかたがなかったようである。

ごくたまに、新しい聖人の列福が行われたが、それは今日ほど頻繁ではなく、稀な出来事であり、一人の教皇の在位中に数人の新しい聖人が列聖され、生まれるなどということは、最近十数年をのぞいてはほぼ皆無であった。いわゆる列聖による新しい聖人の出現はもう珍しくなっており、時折、ある人物が「英雄的徳」の実現者だとして公に教会当局から宣言され、教会の生命の発露あるいは高揚だとして宣言・称賛されたことがあっても、その人物が「霊験あらたか、英雄的徳に卓越して優れ、それが神の超自然的恵み」を与えられ、それを神からの超自然的な恵みとして神から与えられた、卓越した人物として教会から公式に承認された新しい聖人の出現は、かなり稀であった。

「癒し」についても、同じような現象がみられる。「治癒」、「癒し」については、かつて六〇年ぐらい前まで——つまり、第二バチカン公会議が終って、早くて五、六年ぐらい立った頃からカトリック信徒の間の信仰に目覚め、意識しはじめた人々の間で使われるようになっていったと思われる。そのころの転換期がどのようなものであったか。すでにもう忘れられかけてしまっていて、脳裏にはその全体の雰囲気は漠然としかもうもどってこないようにも思われる。

しかし、あの頃のそれまでのものとは異なった新しい信仰意識と教会＝制度としての神秘体に代わって、「神の民」教会制に対する意識が芽生えはじめ、カトリックの信者層に広まっていくようになりつつあった。このことはその頃の二〇代前後であった若い信者はまだ覚えているであろう。いわゆる熱狂主義の少数派カトリック信仰者のグループが現れ（その大半がわが国では、都会の知識人）、カトリック信者になってまだ日の浅い人々で、以後熱心に信仰生活を日常で実践しようした、いわゆる「カリスマティック」と自称、ないし、あるいは、それまでの信者からそう呼ばれ、持続的に祈りの会合をたいていはもって、祈りと「信仰」を分かち合うことが定期的になった。ずっと後になって、朝祷会と呼ばれるエキュメニカルの祈り＋説教の会合に呼ばれたことがあったが、それもあのアーメンと絶叫とジャズが混じった日曜日のミサ礼拝とは全く異なった代物であった。一体これは礼拝と言えることができるのかと疑った。

もちろん、このような信仰意識とそれに伴った信仰語彙と日常での使用様式に反発し、受け入れを拒絶した、おもに知識人カトリック教徒もかなりいて、それまでの近代カトリシズムの用語・思想体系を後生大事に守り続けていたようである。たとえば、かつて第二次大戦直後、英国ではカトリック小説の隆盛が起こったが、代表的カトリック小説家はグレアム・グリーン（Graham Greene, 1904–1991）とイーヴリン・ウォー（Evelyn Waugh, 1913–1966）であったが、ウォーは第二バチカン公会議（1962–1966）がもたらしたすべての「改革」特に、新しい各国語ミサの食卓を囲む形式を忌み嫌い、ローマ・カトリック教会から脱退するというような思いは全くもたなかったが、第二バチカン公会議後の教会の変貌、とくに聖餐式の変貌は、彼にとっては苦痛以外の何物でもなかった。しかし、彼はカトリックであり続けた。彼の葬儀ミサはトレント公会議後のラテン語によって荘厳に行われた。それがウォーにとってせめてもの抵抗であったのかも知れない。

とにかく、ウォーの晩年は第一バチカン公会議（1869－1870）から第二バチカン公会議にかけてのカトリック近代史の激流に翻弄され、苦悩したすぐれた改宗者・イギリスの代表的知識人の典型的なものであった。だが、今日このような問題は激しい論争を呼び続けるようなことにはならず、消滅してしまった。かつて教皇不可謬性の問題がカトリック教会の体制を大きく揺さぶったことを思い起すならば、今日との相違は明らかであろう。新聖人の列聖の頻度についてもおなじ感慨を覚える人は多いと考えられる。あるいは、今や、そのように感じることと自体が、そう感じる人自身がすでにかなりの年齢を生き、以前の時代には考えもしなかったような、変化や変貌に当面し、戸惑ってきたことの証明であろう。

公会議は本質的に事柄の良し、悪しの問題にするのではなく、歴史という時の流れの結果起こったことなのである。このことを肯定的に見るか、批判的に見て突き放すかは、人それぞれのこれまでの生き方、考え方、あるいは、とにかく、無意識にでも変革を願望していたかにかかってくる。ある日突然のような感じはしても、その過程は意識のもっとも深い底流で進行してきて、何かのきっかけで脳裏の意識の表層の舞台に突如出現しただけのことなのである。

四　自然状況の中から文明的作為による人間性の変貌――しがらみとそれが向かうところ

主よ、癒してください、
　わたしは嘆き悲しんでいます。（詩6・3）

わたしの神、主よ、叫び求めるわたしを
　あなたは癒してくださいました。（同30・3）

イエスは言葉で悪霊を追い出し、病人を皆いやされた。それは、預言者イザヤを通して言われていたことが実現するためであった。
「彼はわたしたちの患いを負い、
わたしたちの病を担った。」（マタ8・16―17）

人は、人生のほとんどを費やして自己についての深まった認識に到達するものである。あるいは、この認識を「終わりの感覚」あるいは「終わり（へ）の到着の認識」と呼んでもいいのかもしれない。あるいは、「終末論」と呼んでもいいかも知れない。前者はやや積極的な感覚、後者は、そうなりつつある認識、多少とも受身の感覚だと言えよう。それは、はじめは漠然としているが、時を追って明確になっていく、人生のシルエット、はじめの頃は漠然として大きな影だったが、次第にはっきりと一致する人間のシルエットである。

「癒し」とは、人間を病気から解き放ち、もとの正常な状態、つまり健康な人間にもどすことだと言っていいであろう。もちろん、その過程で普通はありえない、高度の「英雄的な」徳を実践するように神から使命づけられ、その過程で神からの恵みに助けられ、超自然的レベルまでに上り詰めることができたことが教会から公的に認められ、そう宣言されるケースに至る扉は開かれていたが、どのような状況の中でそれが起こり、どのような身体的、精神的な方向に向かわせるのか、何によって、また、誰によって、どのようにして、それがなされるのか、人さまざまな理解、解釈が可能である。

何がそもそもその起源、原因なのか。個々異なった文化圏でその理解は異なる。自然に人間はその摂理としがらみに従って歳を取り、向かうべきところに向かうと言えるであろう。あるいはそのプロセスの過程の中にあると言えよう。すべては、その地上の生命全体の進行の中にあるが、その歩み、すべては一人ひとりにとって道半ばということである。しばしばこのプロセスを人が歩む旅路にたとえて理解しようとするのはそのためである。芭蕉が『奥の細道』で表現しようとするところによれば、「旅は道連れ」という表現によって人が表現しようとするのは、共に歩み、人間、人と人との間の連帯のきずなによって互いにさらにお互いの認識を深めていくことになるというではなかろうか。それが道を歩むと（あるいは、時の）を相互間の依存と連帯を通して達成されることで連帯意識がいっそう深まっていくと考えられているのである。巡礼というものはこの時一種の重要な心の清め、「癒し」なのである。それが身体的動きとしての歩みとともに、心の歩み、清めなのである。

五　癒し――その隠喩と意義・役割の拡大の無限の可能性

人間の肉体は精神と結びつき、一体、あるいはそれ以上の統合体を現出させている。今日、第二バチカン公会議以後、教会をキリストの「神秘的なからだ」というよりは、「神の民」として説明する傾向が強くなった。「癒し」を説明するには「神秘的な（意味における）からだ」のほうが、教会の実存的生命、組織体をイメージとしてとらえ、その無限に奥深い意義に何とか近づくことをもっと可能にするのではないかと、考えはじめた人もしだいに増えてきているように見受けられる。

教会全体をキリストの神秘的な生命体として捉え、神秘体と呼んでその意義と構造を神学的に説明し、「教会」が有機的であると同時に、生命体あるいは生ける有機的な組織体としてのそのダイナミックな現実性についての理解を深め、その理解をいやがうえにも高め、深めようとした有機体「教会論」の隆盛の時期があった。これは人類の共同社会を理想化し、それを偉大な生命体として見ることからはじまる。これには啓蒙主義的な理性によって統御される人類社会を機械のモデルによって理解しようとした人類文明＝機械論であろう。だから、世界や人体における根本的な神秘性は思考から徹底的に排除しようとするものであった。有名な「人間・機械論」のようにその世界観は生命の展開に似た有機的なヴィジョンに欠け、生物のもののような、成長のリズムは認めがたかった。

「癒し」には身体的なからだの「生命」を治すこと（以前の状態に復帰させる、させてもらい、からだの状態を正常にしてもらうこと。完全でないにしても、以前にあくまでも近い状態）に復帰させてもらうことにまず結びついている。そこから出発し、意味範囲を広げ、それによってそこに含まれている意味を重層化、無限に複雑にしていく。「癒し」、「癒す」――前者は行動そのもの、後者は行動者の能動的行為――とは純粋に「からだ」に関わることだけを対象とした行動ではない。やはり、「からだ」だけでなく、魂、精神、心理が絡んでくることは避けられないことであろう。もっと積極的にいうならば、人間的霊＋身体は単に一方を他方に接続して成り立させているのではなく、存在論的に単一のものなのであろう。

「癒し」とは「肉体」だけを対象にした純粋な「治療」そのものに尽きるのではない。「癒し」とは人間の霊魂と肉体の統合の復活をめざす行為を意味し、実際には、しばしば、目指す状態の肉体＋精神体としての有機的な本来の一体性の完全な復活を達成しようと試みる行為だと言えよう。だから、「癒し」は、純粋に肉体だけの「癒し」ではありえないし、また、霊魂だけに関わる「癒し」もないのである。それには、いわゆる「サイコ・セラピック」(psycho-therapaeic) と呼ばれる両者にまたがり、関連・影響し合う無意識の世界が存在するのである。最近の心理医療の認識は、ただ単純に、精神、霊魂、肉体に分離した人間の生命としての存在に対応し、関わること以上に、それらを一体の生ける生命の単位として全体的に取り上げなければならないということであろう。

「癒し」はただ単に「傷つき」、「病んだ」とは「肉体的器官」をもとあった健康な状態に回復させたり、あるいは、それ以上に卓越した状態にまでに、もたらし、高めることを意味するだけではない。いや肉体は本来完璧にもともとの状態に復元しようとしてもできないかも知れない。むしろ、「癒し」は肉体以上のもの、全体的なものの正常化であり、肉体的レベルからもっと高い精神的、霊的レベルに到達する出来事である。それゆえ、イエスの振舞い、福音書の記述において病人を「癒す」イエスの行動は、共観福音書、特にマルコにおいて主人公イエスの奇跡物語で中心的な位置を占め、詳しい記述の対象となっているのであろうと思われるのである。

いや、単なる記述以上に、イエスのまなざしにおいて「癒し」は彼の言動の中心、それを動かす振舞いの指針となっているように感じられる。だからこそそれは「奇跡」に結びつけられて福音書、特にマルコの福音書の中で人間の救い全体の物語の一貫としてクローズアップされて語られているのであろう。いわゆる新約聖書の最初のマタイにはじまる三つの共観福音書におけるイエスが行った治癒の奇跡のうちの一つを取り上げてイエスあるいは彼の同郷の人々にとって「治癒」とはどのような出来事、どのようなことを意味するかを考えてみようと思う。

マタイ一四章一三節以下から一五章の終わりまでで描かれているイエスの「奇跡」（五千人にたべものを与えた奇跡、湖の上を歩いた奇跡、カナンの女性の娘の復活、大勢の病人の治癒、四千人にたべものを与えた奇跡）が集中的に語られている。カナン人の女性の娘の蘇生の奇跡の時の彼女とのやり取りだけではなく、イエスは言葉を述べて奇跡をおこなった、と記されている。「婦人よ、あなたの信仰は立派だ。あなたの願いどおりになるように」。そして「そのとき、娘の病気は癒された」（マタ15・28）。

結語――信仰と治癒

信仰と医療の関係の問題については、癒しというものが、肉体のみ、あるいはそれら二つの関係単純に肉体的な問題に還元して解決することは皮相的に過ぎることに尽きるということであろう。癒しの問題は「霊的」な見方や展望だけで解決できないようである。癒しとは肉体の次元を忘却せず、それを精神の次元に一体化して理解してはじめて解決への道が開かれるものなのであろう。実はそこに医療の根幹とさらなる発展の可能性が見え隠れするような気がするのである。

ここで、個々の信者、個々人のレベルばかりでなく、教会の全信者の「神の民」一人、一人としての感受性――奥深く、健全なもの――が求められる。それはどんなものなのであろうか。今の時代、求められるのは肉体的な治療を十分考慮しつつ、と同時に精神的に奥深く、人間（他者と自己）を理解した健全な生き方なのであろうと思われる。以下のように、癒しの道は、イエス・キリストの到来を待ち望む道である。

「主よ、あなたの裁きによって定められた道を歩み

わたしたちはあなたを待ち望みます」。（イザ26・8）

※このエッセイの日本語聖書からの引用は、『新共同訳』（二〇〇三年）からである。

癒し――神との出会いの出来事――

角田　佑一

はじめに

この文章の主題は、私たち人間にとっての真の「癒し」とは一体何であるのかを考えることです。キリスト教において私たちの心とからだのほんとうの癒しは、神との「出会い」によってもたらされます。そこで、癒しと出会いがどのように関わっているのかを旧約・新約聖書のいくつかの箇所と筆者自身の体験をふまえて考察していきたいと思います。

基本的な構成としては、まず「一　イエスによる癒しのわざの特徴」のなかで、イエスが病人を癒すときにどのようにして病気の人に近づき治癒行為を行うのか、治癒奇跡の本質とは一体何なのかを考えます。「二　私の個人的な癒しの体験――神の存在との出会い――」

では、筆者自身の内面的な癒しの体験をふりかえり、そこにどのような意義があるのか、聖書のコンテクストのなかでどのように位置づけられるのかを考察します（以下の文章のなかで、筆者の個人的な体験を分かち合うときは、一人称の「私」を用いて語ります）。「三　イエスの『わたしはある』――受難と十字架上の死――」においては、イエスが苦しみを受けて十字架の上で死を経験するとき、彼自身が私たちに開き示そうとした現実が何であったのかを考えます。さらに「四　復活したイエスとの出会いにおける癒し」においては、復活したイエスに出会った人々が、パーソナルな次元で、もしくは共同体の次元で、どのように癒しと解放を体験したのかを見ていきます。そして、「五　終末における主人の到来と僕に仕える主人」においては、終末において実現されるイエスと私たち人間の関係について考えます。「六　共同体における癒しの体験――神の国の現実に触れる――」においては、筆者の個人的体験をふまえて共同体全体にもたらされる癒しの体験について考察します。最後に「まとめ」のなかで人間にとっての真の「癒し」とは一体何であるのかという問いに対して結論を述べています。

一　イエスによる癒しのわざの特徴

新約聖書における癒しの出来事は、癒しを求める人とイエスとのパーソナルな出会いにおいて起こります。例えば、ルカ福音書一八章三五—四三節には、イエスがエリコの近くで盲人を癒す物語が語られています。この物語のなかで物乞いをしていた盲人は、イエスがそばにやって来たのを知って、「ダビデの子イエスよ、わたしを憐れんでください」（ルカ18・38）と叫びます。彼は何も見えません。真っ暗闇のなかにいます。とにかくイエスに振り向いてほしい、こちらを向いてもらいたいと思って、とにかく大声で必死に叫びます。先に行く人々が彼を叱りつけて黙らせようとしますが、ますます彼は激しく、「ダビデの子よ、わたしを憐れんでください」（ルカ18・39）と叫び続けます。

イエスはこの盲人の叫びを耳にすると、何かを感じ取って、彼の方に顔を振り向けます。そして、盲人に改めて「何をしてほしいのか」（ルカ18・41）と問いかけます。あなたのほんとうの望みとは一体何なのか、そこまでしてあなたが願っているものとは何なのかと問います。すると、盲人は「主よ、目が見えるようになりたいのです」（ルカ18・41）と答えます。この切実な願いに対して、イエスは「見えるようになれ、あなたの信仰があなたを救った」（ルカ18・42）と言って盲人に癒しを与えます。

イエスの癒しのわざはつねにパーソナルなものです。イエスは大勢の人を集めて、一挙に癒しを与えたりすることはありません。必ず一人ひとりと関わって癒しを与えます。イエスはそれぞれの人の心にある深い望み、願い、叫びを聴きとる耳を持っています。そして、その声を聴くと、イエスは立ち止まって「何をしてほしいのか」と問います。彼はただ一方的に恵みを与えるのではありません。その人が何をほんとうに望んでいるのかを尋ねます。そして、その人の心からの願いを確認したうえで、今、その人に最も必要な恵みを与えます。

新約聖書における病気の癒しの出来事は奇跡であると言われます。イエスの癒しのわざとは、イエスをとおして神と出会い、神とのいのちの交わりに開かれる体験であると思います。この盲人の癒しの場合、彼が「主よ、目が見えるようになりたいのです」と心の底から叫んだとき、イエスは即座に癒しを以て応えました。このとき、盲人は自分の目が開かれて見えるようになったというだけではなく、神と決定的に出会い、神とのいのちの交わりに開かれたのだと思います。このような内的な変容は、「盲人はたちまち見えるようになり、神をほめたたえながら、イエスに従った」(ルカ18・43)という彼の行為にもあらわれています。目が見えるようになったとともに、神のために自分のいのちをささげて生きる道が、彼の前に突如として開かれたのです。

イエスは私たちに一体「何をしてほしいのか」と問うています。私たちが生きていくうえで、ほんとうに心から望んでいることとは何なのか、神にふさわしく仕えるために、自分のなかで変えてもらいたい点とは何なのか、自分自身のなかでふりかえり、こちらからイエスに語りかけていくことが求められていると思います。それに対して、イエスは私たちの願いに何らかの応答をします。そして、私たちにほんとうに必要な恵みを与えてくれるのです。

イエスによる病気の癒しの奇跡のなかで、出血の止まらない病気にかかっている女性の癒しの物語（マコ5・25―34、マタ9・20―22、ルカ8・43―48）は、盲人の癒しとは異なる特殊な治癒物語です。普通、イエスが病気の癒しを行うとき、病んでいる人がイエスの前に進み出て病気を治してほしいと訴えます。それに対して、イエスは癒しをもって応えます。すなわち、イエスと病気の人が互いに顔と顔を向き合わせた状態で癒しの奇跡が起こります。これに対して、出血の止まらない女性の癒しの奇跡は、その女性がイエスの背後から近づいていって、イエスの服に触れたときに起こるのです。マルコ福音書の記述にしたがうと、イエスのまわりに多くの人々が集まっている状況のなかで、長年難しい病気に悩み苦しんでいた女性が「この方の服にでも触れればいやしていただける」（マコ5・28）と思い、イエスの背後から近づいていって、イエスの服に触れます。すると、たちまちに出血が止まって病気が癒されます。そして、イエスは「自分の内から力が出て行ったことに気づいて」（マコ5・30）、群衆のなかで振り返り、誰が自分の服に触れたのかと皆に聞きます。そして、その女性はイエスの前に進み出て、すべてのことをありのままに話すと、イエスは彼女に向かって「娘よ、あなたの信仰があなたを救った。安心して行きなさい。もうその病気にかからず、元気に暮らしなさい」（マコ5・34）と告げます。

筆者がこの聖書の箇所を黙想するとき、いつも心に響くのは、その女性がイエスの服に触れたときに、病気が癒されたということです。イエスの体にじかに触れたというのではなく、イエスの「服」に触れた瞬間に、神さまの深い恵みのはたらきがもたらされたという点です。それはイエスの着ていた服が特別なものであったという意味ではありません。その女性が彼の服に触れたことによって、神さまとの近さや深いつながりが体験されて、神の限りないいのちのはたらきが及んで、病気が癒されたのです。すなわち、イエスの「服」が神のいのちと愛のはたらきを媒介するものとなっているのです。それゆえに、その女性が「ほんとうに生きたい」、「助けてほしい」という叫びを発してイエスの服に触れたときに、神のいのちとの交わりが開かれて病気が治ったのです。最終的にはイエスはこの女性に向かって、「娘よ、あなたの信仰があなたを救った」と告げます。その女性が持っていたイエスに対する深い信頼と、いのちの叫びがあったからこそ、神の限りない恵みがもたらされたのだと、イエスははっきり彼女に告げるのです。

二　私の個人的な癒しの体験――神の存在との出会い――

ここで、筆者である私の個人的な体験をふまえて、神との出会いにおける癒しの体験とは一体何なのかを考えてみたいと思います。私の人生の歩みをふりかえってみると、神との出会いにおいて深い「癒し」を体験したのは大学生のときでした。私は一九歳のとき、あるイエズス会の司祭の指導する黙想会に参加して、数日間、瞑想や祈りの日々を送りました。当時、私はいろいろな苦しみ、悩みを抱えていたのですが、祈りのなかで、「助けて」と心から叫んだときに、神御自身が「癒し」を与えてくださるという出来事がありました。これは私にとって初めての神との決定的な出会いの体験でした。このとき、私の心は深い喜びに満たされました。その「癒し」とはたんなる苦しみや悩みの解決、病気の治癒ということではなく、それよりももっと深く、私自身の心の奥底に、根本的な自己同一性、自己肯定が与えられるという出来事でした。そして、このとき以来、私自身、神の存在の確かさを感じ、たとえ、いろいろなことがあっても、心の奥底においては、神とつながってつねに安らっている自分自身を感じるようになりました。そして、この体験があってから、自分の召命について真剣に考えるようになり、修道生活を志すきっかけになりました。

この黙想会のときに体験された神は、「ある」そのものである方、もしくは「いる」そのものである方でした。哲学的な言葉を用いるならば、「存在そのもの」としての神と言えるかもしれません。そのとき以来、出エジプト記のモーセの召命の場面が私の心に深く沁みるようになりました。

出エジプト記三章において、神が燃える柴の間からモーセに呼びかけ、エジプトで奴隷状態にあるイスラエルの民の苦しみを見て、「わたしはあなたをファラオのもとに遣わす。わが民イスラエルの人々をエジプトから連れ出すのだ」(出3・10)とモーセに命じます。それに対して、モーセは神に「わたしは何者でしょう。どうして、ファラオのもとに行き、しかもイスラエルの人々をエジプトから導き出さねばならないのですか」(出3・11)と尋ねます。すると、神は「わたしは必ずあなたと共にいる。このことこそ、わたしがあなたを遣わすしるしである。あなたが民をエジプトから導き出したとき、あなたたちはこの山で神に仕える」(出3・12)とモーセに告げます。それからモーセは「わたしは、今、イスラエルの人々のところへ参ります。彼らに、『あなたたちの先祖の神が、わたしをここに遣わされたのです』と言えば、彼らは『その名は一体何か』と問うにちがいありません。彼らに何と答えるべきでしょうか」(出3・13)と神に尋ねます。それに対して、神は「わたしはある。わたしはあるという者だ」(出3・14)と自らの名を明らかにします。さらに神は「『わたしはある』という方がわたしをあなたたちに遣わされたのだ」(同上)とイスラエルの民に告げなさいとモーセに命じます。

「わたしはある」として神は存在し、「わたしは必ずあなたと共にいる」と言って、神はつねに私たち一人ひとりと共にいます。出エジプト記のこの箇所は、神がモーセに特別な使命を与える場面であり、癒しの場面ではないのですが、人間と神との出会いの奥深さをよくあらわしています。モーセははじめ「わたしは何者でしょう」と問うのですが、神自身の存在と出会うことによって、新しい自己のあり方が与えられ、イスラエルの民を導き出すという使命に生きるようになるのです。出エジプト記のこの場面は、私自身の癒しの原体験とも重なり、今でも大きな導きとなっています。

三　イエスの「わたしはある」——受難と十字架上の死——

新約聖書においてイエス自身も「わたしはある」と自分自身を皆に示します。ヨハネ福音書一三章において、イエスは自らの最後の時が近づいているのを悟って、弟子たちを深く愛して彼らの足を洗いました。そのうえで、彼は弟子たちも互いに足を洗い合うように呼びかけます。しかし、イエスがこれほどまでに弟子たちを愛したにもかかわらず、弟子たちのなかで自分を裏切る者が出てくると言います。彼は「『わたしのパンを食べている者が、わたしに逆らった』という聖書の言葉は実現しなければならない」（ヨハ13・18）と弟子たちに告げて、自分と深いつながりを持つ者のなかで自分に背く者が出てくる、これは聖書において預言されていることなのだと、はっきり言うのです。

さらにイエスは「事の起こる前に、今、言っておく。事が起こったとき、『わたしはある』ということを、あなたがたが信じるようになるためである」（ヨハ13・19）と弟子たちに告げます。「事が起こる」とはキリストの受難と十字架における死の出来事です。まもなくイエスにとって、弟子たちにとって重大な出来事が起こる、そのとき、決定的なことが明らかにされると言います。それは神が「わたしはある」と自らを示して、自分が一体誰であるのかを明らかにすることです。ヨハネ福音書のなかで「わたしはある」という言葉は、例えば八章において「アブラハムが生まれる前から、『わたしはある』」（ヨハ8・58）と言われているように、イエスが神として自らの存在を示すときに使う言葉です。

イエスはこれから起こる重大な出来事、すなわち自らの受難と十字架の出来事において「わたしはある」と自分自身の存在を示します。弟子たちはイエスが逮捕されたときに、師を見捨てて逃げてしまったのですが、イエスは皆から見捨てられ、人間としての苦しみと死を深く体験するとき、自分が一体誰であるのか、自らの本質とは一体何であるのかを皆に示すのです。イエスは受難と十字架において闇のただなかにあるとき、自らの存在を開示します。ヨハネ福音書において、イエスが十字架において息を引き取るとき、「成し遂げられた」（ヨハ19・30）と言ったのは、十字架においてこそ、神がほんとうに誰であるのかが明らかにされ、救いのわざが成就したのだという意味が含まれているからです。そして、最終的にはキリストの死と復活において、人間が罪と死から解放されて神と再び一致し、真の救いを体験するのです。

四　復活したイエスとの出会いにおける癒し

イエスは生前、奇跡をとおして多くの人々の病を癒しました。しかし、イエスは十字架の上で死んで三日目に復活したとき、苦しみと悩みからの解放、さらに罪と死からの解放という決定的な癒しを人類に与えました。この節では復活したイエスに出会った人々のなかで、マグダラのマリア、トマス、イエスの弟子たち（ペトロやヨハネなど）が、どのように癒しを体験したのかを見てみたいと思います。

第一にヨハネ福音書二〇章一一―一八節には、マグダラのマリアが復活したイエスに出会う場面が描かれています。十字架の出来事が起きてから三日目の朝、マグダラのマリアが墓を訪ねると、イエスの遺体がなくなっていることに気づき、悲しみに暮れます。しかし、復活したイエスが突然現れて、「婦人よ、なぜ泣いているのか。だれを捜しているのか」（ヨハ20・15）とマグダラのマリアに尋ねます。しかし、はじめ彼女はその人がイエスであると気づかず、「あなたがあの方を運び去ったのでしたら、どこに置いたのか教えてください。わたしが、あの方を引き取ります」（ヨハ20・15）と言います。それに対して、イエスがマグダラのマリアの背後から「マリア」（ヨハ20・16）と呼びかけると、彼女は後ろを振り向いて「ラボニ」（「先生」という意味。同上）と言って、イエスを目の当たりにします。そして、深い感動に包まれて、復活した主に抱きつきます。この場面で、マグダラのマリアが「後ろを振り向いた」ときに、イエスに出会ったというのは、とても興味深いことだと思います。

生前、イエスは私たちの人生のなかで「後ろを振り向く」ことに関して、否定的な意見を述べています。たとえば、ルカ九章五七―六二節のなかで、イエスについてきた弟子たちが「まず家族にいとまごいに行かせてください」（ルカ9・61）と願うと、イエスは「鋤に手をかけてから後ろを顧みる者は、神の国にふさわしくない」（ルカ9・62）と戒めます。私たちがイエスについていくとき、後ろを振り返ってはいけないと言うのです。なぜなら、イエスから召し出されて新しい人生の道を歩むとき、私たちは過去をすべて捨てて神だけを見て、イエスに従って神の国を実現する道を歩んでいかなければならないからです。

マグダラのマリアも過去をすべて振り捨てて、イエスについてきた女性です。彼女はもともと悪霊の強い影響のもとに置かれていて、とても苦しく困難な人生を歩んでいた女性であったようです。しかし、イエスに「七つの悪霊」を追い出してもらって救われます（ルカ8・2）。彼女はイエスに出会って救われたという体験をしてから、必死になってイエスについていきます。彼女は過去の罪深い苦しい生活を決して振り返らず、ただ前だけを見て、イエスに従って歩む人生のなかに、新しい人生の希望を見出したのです。ところが、イエスが十字架のうえで処刑されてしまったとき、マグダラのマリアは再び生きる希望を見失ってしまいます。彼女が前を見ても、そこにはもうイエスはいません。ただ墓のなかに暗闇だけが見えます。だからといって、後ろを振り返ることもできません。後ろを振り返れば、過去の苦しく辛い人生のみが思い起こされます。彼女は前にも後ろにも希望を見いだせない、ほんとうの暗闇のうちに置かれてしまったのです。

ところが、復活したイエスがマグダラのマリアの背後から「マリア」と名前を呼んだとき、彼女は後ろを振り向いてイエスに出会います。彼女は喜びに満たされて、復活した救い主のうちに、再び生きる希望を見出します。そして、復活のイエスと出会ったときに、過去の苦しみや罪からのほんとうの解放を体験します。そして、彼女は感動のあまりイエスに抱きつきます。イエスを目の前に見たとき、彼女は救い主を喪った悲しみから解放され、未来へのたしかな希望をも見出したのです。そして、「わたしは主を見ました」（ヨハ20・18）と弟子たちにイエスの復活を告げに行きます。このようにマグダラのマリアが「後ろを振り返って」復活したイエスに出会ったとき、自分の過去の苦しみや痛み、現在の悲しみ、未来への絶望からすべて解放されて、神との一致のうちに、ほんとうの希望の道を歩むことができるようになったのです。

私たちはいつも前を向いて人生を歩もうとしています。そして、苦しいことがあるとイエスに助けを求めます。イエスはいつも私たちを呼んでいるにもかかわらず、ときどき、私たちはイエスを見出すことができません。必死にイエスを目の前に探そうとしても見当たらず暗闇を体験します。しかし、そのようなとき、私たちは自分の後ろを振り返る必要があるのかもしれません。イエスは私たちの見えないところから、すなわち私たちの背後から、いつも私たちを支えてくれています。たとえ、目の前から手をさしのべてくれるイエスの姿が見えなくても、もうすでに後ろから私たちを支えてくれているイエスの愛に気づくことがあります。そのとき、私たちはより深い回心を体験することができると思います。これはマグダラのマリアと復活したイエスとの出会いに如実に示されていることです。

第二にヨハネ二〇章一九―二九節には、復活したイエスが弟子たちの前に現れる場面が描かれています。イエスの死後、弟子たちがユダヤ人たちを恐れて家に隠れていると、復活したイエスが現れ、「あなたがたに平和があるように」（ヨハ20・19）と弟子たちに告げて、自分の手とわき腹を見せます。それは手とわき腹にある釘跡を見せて、復活したイエスが他ならぬ十字架上で死んだイエスであることを弟子たちに示すためです。しかし、イエスが皆の前に現れたとき、十二人の弟子のひとりのトマスは他の弟子たちといっしょにいませんでした。他の弟子たちが「わたしたちは主を見た」（ヨハ20・25）と言っている一方で、彼は「あの方の手に釘の跡を見、この指を釘跡に入れてみなければ、また、この手をそのわき腹に入れてみなければ、わたしは決して信じない」（ヨハ20・25）と言います。このようなトマスの発言の背景には、なぜ他の弟子たちの前にイエスが現れたのに、自分の前には現れないのだろうかという疑問や、はたして自分の前にこれから現れるのだろうかという不安があったのかもしれません。そこから、彼はイエスの復活をなかなか信じられないようになりました。

八日後、復活のイエスが「あなたがたに平和があるように」（ヨハ20・26）と言って、再び皆の前に現れます。イエスはトマスに丁寧に接し、「あなたの指をここに当てて、わたしの手を見なさい。また、あなたの手を伸ばし、わたしのわき腹に入れなさい。信じない者ではなく、信じる者になりなさい」（ヨハ20・27）と言います。そして、トマスはイエスのわき腹の傷に触れると、「わたしの主、わたしの神よ」（ヨハ20・28）と叫びます。彼はイエスの傷に深く触れたとき、イエス自身の本質、すなわち神自身としてのイエスに深く触れたのです。そして、神とのパーソナルな密接な交わりを体験し、「わたしの主、わたしの神よ」

と言ったのです。これはトマス自身の決定的な内面的癒しの体験でした。

先ほど述べたイエスの服に触れた女性の癒しにおいては、難しい病気に長年苦しみ悩んでいた女性が、イエスの服に触れると、神のいのちのはたらきが及んで病気の癒しを体験しました。これに対して、トマスは復活したイエスのからだ、しかもわき腹の傷にじかに触れます。このとき、彼は神としてのイエスの内奥に触れて、彼自身の苦しみや悩みから解き放たれ、さらに復活したイエスの限りないいのちのはたらきに触れて、罪と死からの解放を体験するに至ったのです。

第三に復活したイエスとの出会いによる弟子たちの共同体全体の癒しの体験について考えてみたいと思います。ヨハネ二一章一―一四節には、復活したイエスがティベリアス湖畔で弟子たちの前に現れる場面が描かれています。イエスが逮捕されたとき、弟子たちは師を見捨てて逃げてしまいました。彼らは自らの行ったことについて悲しみと痛み、悔恨を味わっていたと考えられます。イエスの死後、彼らは故郷のガリラヤに帰り、漁をしながら生活していました。そこに復活したイエスが現れて、弟子たちに「舟の右側に網を打ちなさい。そうすればとれるはずだ」(ヨハ21・6)と言います。弟子たちはそこに網を入れると、多くの魚がとれました。弟子たちはその人がイエスであると気づくと、「主だ」(ヨハ21・7)と言って、ある者はそのまま湖に飛び込んで泳ぎ、またある者は魚のかかった網を引いて舟で陸に戻ってきます。そして、弟子たちがやって来て「陸に上がってみると、炭火がおこしてあった。その上に魚がのせてあり、パンもあった」（ヨハ21・9）と言われているように、イエスはすでに弟子たちのために食事を準備していました。イエスは「さあ、来て、朝の食事をしなさい」（ヨハ21・12）と彼らに告げて、皆でともに食事をします。弟子たちはもうすでにその方が主イエスであると知っていたので、だれも「あなたはどなたですか」（同上）と聞くことはありませんでした。

ここでイエスはパンを取って弟子たちに与え、魚も同じように皆に分け与えます。このとき、弟子たちは復活したイエスと出会って共に食事を取りながら、師に再会できた喜びと彼ら同士の信頼と友情を深めました。そして、弟子たちは共にイエスとの深いつながりを体験し、神とのいのちの交わりに開かれて、彼らの抱えていた苦しみ、痛み、罪意識から解放される体験をするのです。そして、癒された者同士がイエスとともにパンと魚を分かち合いながら、互いの交わりを深めていくのです。

食事の後、イエスはペトロに「ヨハネの子、シモン、わたしを愛しているか」と三回問います（ヨハ21・15―17）。それに対して、ペトロは「わたしがあなたを愛していることは、あなたがご存じです」と三回答えます（ヨハ21・15―17）。この応答を聞いてイエスはペトロに「わたしの羊を飼いなさい。はっきり言っておく。あなたは、若いときは、自分で帯を締めて、行きたいところへ行っていた。しかし、年をとると、両手を伸ばして、他の人に帯を締められ、行きたくないところへ連れて行かれる」（ヨハ21・17―18）と告げます。ペトロは復活したイエスと出会い、他の弟子たちとともに、内面的な癒しを体験したあと、神とのいのちの交わりに開かれて、ほんとうの意味で神において生きる者となりました。そして、イエスは「わたしの羊を飼いなさい」、すなわち信徒たちの共同体を世話する使命をペトロに与えたのです。ペトロは最後まで自分に与えられた使命を忠実に果たし、最後は信仰を貫いて殉教したのです。

五　終末における主人の到来と僕に仕える主人

食事の場面と関わる他の箇所が、「目を覚ましている僕の譬え」です（ルカ12・35―38）。ここで、イエスは僕たちに仕える主人について語っています。イエスはまず弟子たちに「腰に帯を締め、ともし火をともしていなさい。主人が婚宴から帰って来て戸をたたくとき、すぐに開けようと待っている人のようにしていなさい。主人が帰ってきたとき、目を覚ましているのを見られる僕たちは幸いだ」（ルカ12・35―37）と告げます。そのうえで、もしも、私たちがずっと目を覚まして、主人を迎えることができたとき、「主人は帯を締めて、この僕たちを食事の席に着かせ、そばに来て給仕してくれる」（ルカ12・37）と言うのです。

この福音のなかで大切なポイントは、主人が自分の帰りを待っていた僕たちのために、食事を与えて自ら給仕することであると思います。ここで、主人とはイエス自身のことを、僕たちとはイエスに従ってきた者たちのことを表しているのでしょう。これは復活したイエスがティベリアス湖畔で弟子たちのために食事を給仕する場面にもつながります。イエスが弟子たちのために食べるものを用意して、ともに楽しく食事をしている姿を見ると、イエスが僕たちのために仕える主人であり、弟子たちとのより深い交わりを望む方であることがよくわかります。

この箇所との関連で筆者の個人的な体験をふりかえってみると、私にとって心に残っているのは、フィリピンにいたときにお世話になったイエズス会修道院の院長の神父さんの姿でした。私がマニラで風邪をひいて腹を壊し、何も食べられずに何日間も部屋で寝込んでいたとき、部屋をノックする音が聞こえました。ドアを開けてみると、院長の神父さんがそこに立っていました。そして、「これを食べなさい」と言って、神父さんが自ら作ったお粥を私に差し出してくれました。私はとても感動して、気が付いたら、私の目から涙があふれていました。そのお粥を食べると、体調は不思議と回復に向かいました。私はこのときの感激を今でも忘れることができません。このとき、僕に給仕する主人であるイエスの姿を思い起こしました。

ルカ一二章三五―三七節において、僕たちはずっと目を覚まして、主人が戸をたたく音に耳を澄ませながら、主人の帰りを待っていました。これに対して、そのときの私は主人の帰りを待っているわけでもなく、ただ病気で寝込んでいただけだったのですが、神父さんの思いがけない訪れと、思いがけない恵みに出会い、深く感動しました。そのときから、この院長の神父さんが誰かに仕えて生きる姿は、私にとって一つの模範となっています。

主人がいつ家を訪れるのか、その時を知ることはできません。しかし、ひとつ言えることは、主人は予期せぬ時にやって来て、思いがけない恵みを私たちに与えるということです。その恵みとは、主人が僕たちに食事を用意して給仕までしてくれる、そして、その食事によって皆がほんとうに満たされるということです。これは終末において実現されるイエスと私たち人間とのほんとうに深い交わりを表しているのだと思います。私たちが目を覚まして主イエスの訪れを待ち望み、イエスを迎えるならば、イエスは私たちのために給仕をして食事を与えて満たしてくれる、このようなメッセージが含まれています。ここで、終末においてイエスと共に私たち人間が食事を共にするということは、私たちがイエスとのつながりと人間相互の交わりにおいて、神における最終的な救いを体験していることを表しています。

六　共同体における癒しの体験――神の国の現実に触れる――

ここで共同体における心の癒しについて、新約聖書のイエスの言葉もふまえながら個人的な体験を分かち合いたいと思います。イエスが「時は満ち、神の国は近づいた。悔い改めて福音を信じなさい」（マコ1・15）と言っているように、神の国は決して私たちから遠い所にあるのではなく、私たちの生きている現実のなかに息づき、実現しつつあるものです。さらにイエスは「神の国は、見える形では来ない。『ここにある』、『あそこにある』と言えるものでもない。実に、神の国はあなたがたの間にあるのだ」（ルカ17・20―21）とも言っています。まさしく神の国は私たちの互いの交わりと一致のうちにこそ実現されるものです。しかし、私たちはその神の国をどうやって見出すことができるのか、どうすればそこに入ることができるのかを知りません。筆者の考えでは、私たちが苦しみ、悩みのなかで共に神に祈り、自分の心にある大切なものを互いに分かち合うとき、神の国の現実に触れることができるのだと思います。

二〇一一年に東日本大震災があり、地震と津波によって多くの方々が亡くなりました。震災から二年後、私は岩手県の釜石市に行って、ボランティア活動に参加しました。そこで、被災者の方々のために、さまざまな支援活動をしました。震災時のがれきはもうすでに片付いていたのですが、私は近くの漁港に行って、お年寄りの漁師さんたちのお手伝い（網の修繕など）をしたり、仮設住宅を訪問して被災者の方々とお話をしたりしました。地震と津波で家族を喪ってしまった方々もいて痛ましいお話を聞きながら、どのように被災者の方々の深い苦しみと悲しみに応えていけばよいのか、つねに葛藤を感じ、悩んでいました。

釜石にはカトリック教会に支援活動の拠点（ベース）があり、その場所には多くのボランティアの人たちが寝泊まりしていました。普通、私たちは日々の活動のなかで、さまざまな難しい状況や限界に直面するので、とても悩んでしまったり、被災者の方々の抱えている苦しみや困難に対して、一体何ができるのかという問いを抱えて、さらに苦しむということが多くありました。しかし、毎晩、ボランティアの人たちが共に神に祈り、自分のさまざまな体験を互いに分かち合う機会がありました。それが私たちにとって心の支えになっていました。とりわけ、テゼの祈り（フランスのテゼ共同体の修道士によって生み出された歌をともなう祈り）は、難しい状況のなかで、つねに深い慰めを与えてくれました。ある夜、私たちがテゼの祈りを歌いながら、自分たちのボランティア活動での体験を分かち合ったとき、ともに心が通じ合って、深い喜びに満たされました。それは、とても不思議な体験でした。私たちは困難な状況のうちにあるのですが、いっしょに深い幸せと喜びを感じました。そのとき、私は「今ここに、神の国がある」と感じました。神の国はどこか違う世界にあるのではなく、人間の苦しみ・悩みの闇のただなかに実現しうるものであると気づいたのです。

苦しみ、悩んでいる人たちがともに真剣に祈り、互いに自分の心にある大切なもの（信仰体験、人生体験など）を分かち合うとき、神さまが共同体のうちにはたらき、神の国の現実を開こうとされます。神の国に入る門は狭そうに見えますが、同時に神さまは私たちを神の国における平和、喜び、愛へと招いています。神の国はひとりの人だけのうえに実現するのではなく、わたしたちの間に、すなわち共同体のうちに実現します。このようなかたちで、神の国の現実は私たちの内に働きかけ、私たちは共に深い内的な癒しを体験するのです。

まとめ

この文章の主題は、私たち人間にとっての真の「癒し」とは何なのかということでした。私たちの心とからだのほんとうの癒しは、聖書にもあるとおり、神との出会いによってもたらされます。とりわけ、新約聖書における治癒物語のなかで、イエスは多くの人々の病気を癒しますが、イエスは必ず一人ひとりとのパーソナルな関わりのなかで治癒行為を行います。「助けてほしい」、「ほんとうに生きたい」、「治してほしい」という病人の心からの願いや叫びをイエスは聴き取り、癒しをもって応えます。そして、イエスは多くの場合、「あなたの信仰があなたを救った」と告げます。癒しの出来事は、癒しを求める人のイエスへの全面的な信頼において可能になるのです。イエスによる癒しのわざの本質は、たんに病気の治癒だけではなく、病を癒すことをとおして、その人と神との間にいのちの交わりを開き、その人が真に神において生きる者となるように導くことです。癒された人は、神との交わりのなかで、神への真の信仰に生きる者となります。

神との交わりにおいて、人間の心とからだの真の癒しが起きるわけですが、一人ひとりが心から神に助けを求めるとき、その叫びにおいて神の存在が「ある」そのものである方、もしくは「いる」そのものである方として開かれます。このような「わたしはある」という存在そのものとしての神との出会いは、一人ひとりの人間の心の奥底に根本的な自己肯定や自己同一性を与え、より深い次元における内面的な癒しを与えます。新約聖書においてイエスは自らの受難と十字架の死において神としての自らの存在、「わたしはある」を開き示します。すなわち、イエスは人間としての苦しみや痛み、死を徹底して体験しているときに、神としての存在をより明確に示すのです。このようにイエスは自ら人間としての苦しみと死を身に受けて、私たち人間たちを苦しみと悩み、罪と死から解放し神との一致を再び実現させて救うのです。

イエスが復活したとき、彼は弟子たちや親しかった多くの人々の前に現れます。復活したイエスと出会った人々は、苦しみと悩みからの解放、罪と死からの解放を体験し、神とのより深い一致に入ります。これはたんなる病気の治癒ではなく、神と人間とのいのちの交わりそのものが回復され、人間存在そのものが癒されたことを意味します。

さらに復活したイエスとの出会いにおいては、共同体全体の癒しも与えられています。とりわけ、弟子たちがティベリアス湖畔で復活したイエスと出会い、ともに食事をしたという出来事は、一人ひとりの弟子たちが苦しみと悩みからの解放、罪と死からの解放を体験したのみならず、弟子たち全体がイエスと食事をともにすることをとおして、イエスとの交わりを深め、彼ら同士も互いの交わりを深めることをとおして、共同体的な次元における内面的な癒しを体験したのです。

終末においても私たち人間がしっかり目を覚まして、僕として主人であるイエスの到来を待ち望み、到来のときにイエスを迎えることが大切です。それは私たちがイエスに対して「はい」と応答して彼を受け容れることです。その応答に対して主人であるイエスは、僕に食事を与えて給仕し、限りない恵みを与えます。終末においてイエスとともに私たちが共に食事を取るというのは、人間の最終的な救いをあらわしています。

神の国も私たち人間にとって、共同体における内面的癒しの場です。私たちがともに神に祈りながら、互いに自分自身の大切なものを分かち合うとき、神がはたらきかけて、私たちは神の国の現実に触れることができます。そのときに我々人間は神の国における愛、喜び、平和を体験し、共同体における一人ひとりが互いの交わりと一致を深く体験しながら、そこにおいて内面的な癒しをさらに深めていくのです。

癒しと救いの宣教

増田　祐志

序

宗教は「救い」を究極的使命としている。しかし、何が救いかは様々な人々が置かれている状況によって変わってくる。キリスト教という宗教では、約二千年前にパレスチナで生き自分の使命感に基づく活動をし、その結果当時のローマ帝国の政治犯の処刑方法である十字架刑によって殺されたナザレのイエスをキリスト（「救い主」の意味）と告白することが根本命題となっている。

現在でこそキリスト教の最大教派であるローマ・カトリック教会は全世界で一二億人の規模を誇っており、そのリーダーであるローマ教皇の一挙手一投足はニュースで取り上げられる[1]。日本では信者率は全人口の〇・四％と少数派であるが、日本の歴史にもザビエル以来影響を与え続けている。この小論ではイエスがどういう意味で救い主なのかを扱う。そこで理解のキーワードとなる重要な語句が「癒し」であり「救い」である。

一　考察の予備理解

キリスト教は最初からイエスを救いをもたらす救い主として大々的に信仰されていたわけではない。イエスはユダヤ人としてユダヤ教徒として生き、死んでいった。むしろ当時の民族信仰であるユダヤ教に反するものとみなされたので殺されたのである。しかしそこには当時の国際政治の複雑な状況が絡んでいる。イエス当時の地中海はローマ帝国によって支配されていた。ユダヤ人もその支配下に入っていた。ローマ帝国の植民地支配はそれほど過酷というものではなく、ローマの支配をうけいれていれば、支配下の自治権はかなり認められていた。ユダヤ人たちにも自分たちの王もいたし（イエスはヘロデ大王の治政のもとで生まれている）、最高法院という七十名ほどで構成される自治組織も認められていた。しかも当時のユダヤ社会は政教一致である。ユダヤ教指導者が彼らの共同体を仕切っていた。イエスも最高法院でユダヤ教に反する者として死刑判決を受けるが、当時のユダヤ人には死刑の執行権が与えられていなかった。そこでローマ帝国の支配に反する政治犯としてローマ帝国に訴えられ処刑されている。その意味ではイエスは当時のユダヤ教指導者にとっては反社会的存在と見なされたのであった。ローマ帝国にとっては地中海の東の端っこに位置するユダヤ人の共同体のゴタゴタはどうでもいいことであり、帝国支配に危険を及ぼす恐れがある芽を摘み取る方が優先された。

また当時のローマ帝国の地中海支配がキリスト教を世界宗教として発展させることを可能にした。ユダヤ人たちは種々の理由でローマ帝国の各地の都市に散り、そこで共同体を形成していた（現在も世界各地の大きな町にはチャイナタウンが存在し独自の共同体を形成している）。ユダヤ人共同体が存在する街では彼らが礼拝する会堂（シナゴーグ）が作られる。民族的アイデンティティと結びついているユダヤ教の礼拝堂が建設されるのは彼らにとって自然である。実際、使徒行伝で描かれるパウロの宣教は地中海の都市のシナゴーグを中心に回っている。パウロにとっては各地にすでにユダヤ人共同体が存在するのは都合がよかった。そして、その各地ではユダヤ人たちは当然、その都市の住人たちと交わる。こうして自然とキリスト教はユダヤ教以外の信徒も獲得していき、ついにはユダヤ教という民族宗教の枠組みを離れ、ユダヤ教とは別の宗教的アイデンティティを有するようになっていく。ローマ帝国のコスモポリタン的環境はキリスト教形成に決定的影響を与えている。

以上のキリスト教形成の歴史を見ていくと、（1）ローマが帝国の首都である当時第一の街であるので、カトリック教会がローマを自分たちの中心都市として見なすようになったのはある意味で当然である。（2）ユダヤ教という民族宗教の枠組みから離れて独自の宗教を形成することが可能であった。ここにローマ・カトリック教会の宣教体質が起因する。（3）宣教師たちはとにかく宣教を目指す。しかし、宣教は現地の文化との出会いも不可欠である。宣教現場の文化や状況を無視しては宣教は成功しない。つまり宣教相手に理解可能な言語と表現を見いだす必要があるということである。ここに異文化との出会いのプロジェクトが創意工夫される。結果、カトリック教会は世界宗教に発展することが可能であったし、多様な文化を内に抱えることになる。[2]

二　イエスの「癒しの宣教」

イエス自身の宣教はこれから見ていくが、「癒しの宣教」と言えるものであった。先にも指摘したがイエス自身はユダヤ教の枠組みから外れる意図はなかった。ただし、当時のユダヤ人たちの宗教的常識からはかなりはずれていたようである。だからこそ、ユダヤ人指導者から危険人物とみなされ処刑された。

世界の歴史を一瞥するとこれまで幾多の宗教が唱えられ、あるものは世界宗教にまで発展し、あるものは民族宗教のままとどまった。もちろん消えていったものもあるし、その理由も様々である。イエスの弟子たちがイエスの神格化に成功し、ローマ帝国内で宣教することにも歴史の結果だけ見れば成功したと言えるが、その歴史を一瞥するだけでも茨の路であった。まずイエス自身が自分をキリストだと自称したことはなかったと、現在の聖書学では考えられている。つまり、イエス自身はキリスト教徒ではなかったのである。イエスの弟子たちもあくまでユダヤ教の枠内で自分たち自身をとらえていた。パウロ書簡にはユダヤ人以外の異邦人と食事をすることをペトロが避けている記述が見られる（ガラ2・11―14）。これはあきらかにユダヤ人以外の異邦人は宗教的に汚れているというユダヤ人たちの発想である。そして宗教的「汚れ」は伝染すると考えられていた。

汚れ

この「汚れ」という発想自体が現代人には理解しづらい。旧約聖書、とくにモーセ五書と呼ばれる最初の五つの書物には、どのような状態が宗教的に汚れているのか、汚れていないのか、事細かに記述されている。そこには出血している女性は（宗教的に）汚れているだの、汚れた人との接触でその汚れが感染するだの、現代の目から見れば迷信的な事柄もあれば、純粋に現代では病気（感染症）と見なされる状況が雑多に記載されている。この宗教的に汚れていると判断されるということは、神の恵みから外れているということである。当時、現代ほど医学的知識が普及していない時代の社会防衛的役割を果たしていたのであろう。現代では簡単に診断も治療法も確立されている病気は当時の人々にとって恐ろしい未知の状況である。結局、「汚れている」という判断によってその当事者を社会から排斥することによって公益を守ろうとしたのである。その「汚れた」状態の人々は「罪人」や「律法違反者」とレッテルを貼られて、社会的死と同然に扱われる。しかし、イエスはそういう人々と平然と交流を持ち食事まで一緒にしている。それが聖書では「癒し」であり「救い」をもたらすものとしてイエスを描くのである。

「律法違反者」とはユダヤ人が守っていた宗教的生活規定である。たとえば、どういう動物は汚れているから食べてはいけないとか、安息日は神から決められた安息する日なので労働してはいけないとかである。その規定を守らない人（生活上守れない人を含めて）は「律法違反者」との烙印を押される。現代でもハラル・フードなどが日本でもポピュラーになりつつあるが、食物規定を設けている宗教は世界各地で見られる。どの宗教や文化にもその宗教や文化なりの重要な日があり、その日にやっていいこと、禁止されていることが決められている。キリスト教では復活祭とかクリスマスである（カトリック教会法ではミサ参加が義務づけられる「守るべき主日」と呼ばれたりもする)。またさらに、カトリック教会では××聖人と認定された人々を祝う特別な日が年間を通して網の目のように張りめぐらされている。

現代の先進国の多くは信教の自由が認められており、宗教的・文化的規定を尊重する。また性的志向も尊重しなければならず、それを理由に人格についてのレッテルを貼り付けることは「差別」だと逆に社会から反発される。しかし、政教一致が原則だったイエス時代、宗教的に「汚れている」との烙印をおされた者が社会からどう扱われたのか想像にかたくない。実は現代でも「差別」は日本社会にも存在する。出身地や出身家族、また政治的・経済的状況によって差別される人々は確実に存在する。たとえば、いつまでも学校現場から消えない「いじめ」など典型的な差別であり、その対象者は学校やクラスが地獄になる。自殺者まで毎年出ている。ユダヤ人たちの律法に対する考えを「理解不能」と表現する人々もいるが、実は現代の日本社会もそんなに変わらないのである。

重い皮膚病の患者

これから聖書の物語をいくつか取り上げ、なぜイエスが「癒し」や「救い」の宣教者として理解されたのか見ていこう。

典型的なひとつの例は「重い皮膚病患者」と新共同訳で訳されている物語である。

さて、重い皮膚病を患っている人が、イエスのところに来てひざまずいて願い、「御心ならば、わたしを清くすることがおできになります」と言った。イエスが深く憐れんで、手を差し伸べてその人に触れ、「よろしい。清くなれ」と言われると、たちまち重い皮膚病は去り、その人は清くなった。（マコ1・40―42）

この物語は当時の社会では驚くべき内容に満ちている。ポイントを列挙する。

・重い皮膚病を患っている人は典型的な宗教的不浄者である。「重い皮膚病」はヘブライ語の原文ではレプラ（lepra）という語に当たるが、ハンセン氏病と訳されていた時期もあった。これはハンセン氏病菌によって引き起こされる皮膚病の疾病である。日本でも最近まで国家などによる強制隔離生活政策がとられていた。感染力はそれほど強くないと言われるが、疾病が進むと身体の末端に症状が現れ社会から激しく差別された。

・旧約聖書にも「汚れた者」と表記されている。

主はモーセとアロンに仰せになった。もし、皮膚に湿疹、斑点、疱疹が生じて、皮膚病の疑いがある場合、その人を祭司アロンのところか彼の家系の祭司の一人のところに連れて行く。（中略）祭司に見てもらい、清いと言い渡された後に、その発疹が皮膚に広がったならば、その人はもう一度祭司のところに行く。祭司が調べて、確かに発疹が皮膚に広がっているならば、その人に「あなたは汚れている」と言い渡す。それは重い皮膚病である。（レビ13・1―2、7―8）

「汚れた者」と判断された者は社会から追放され、「わたしは汚れている」と叫びながら生きていかないといけないと書かれている。ただし、これは最近まで訳語としてあてられているハンセン氏病とは限らない。回復したケースについても書かれているからである。ハンセン氏病は一九四〇年代にやっと治療が確立している。この「重い皮膚病」は通常の皮膚病も想定している。しかし、「汚れた者」と判断された者のその後の人生は悲惨である。

・それゆえ、まず「重い皮膚病患者」がイエスに近づくこと自体異例である。
・この患者が一番苦しんでいるのは自分が清くない、ということである。それゆえ、イエスに対して「清くすることができます」と願っている。病気の治療を願っているわけではない。
・しかも、イエスはあえて「触れて」「癒し」を行っている。

つまりイエスにとってその人は「汚れてはいない」のである。だから「触れられる」のである。その意味では、社会的交流を断念させられた人にイエスは人格的交流をもう一度体験させたのである。つまりこの物語は、神はあなたを見捨てていない、あなたも神の被造物として愛されていることを実際に体験させた物語であり、これが「癒し」の意味である。キリスト教がイエスをキリスト（救い主）と信仰し神格化し、その宗教が社会的大きな影響力をもつようになると、今度は「神の子信仰」という前提からイエスの行動を解釈するようになっていく。それゆえ、イエスが全知全能の神であり、現代の医学的意味での不思議な癒しの力をイエスが有しており、そのことをもってしてイエスが「神の子」であることを証明しようとした物語ではないのである。その患者の失われた人間的尊厳や社会における尊厳、さらに付け加えるなら神の被造物としての尊厳の回復の物語なのである。だから「癒し」（heal）であって「治療」（cure）ではないのである。「治療」されても人はいつか必ず死ぬ。人にとってもっとも重要なのは「治療」ではなく、自分の尊厳を認めてくれる人がこの世に一人でも存在することである。

このように解説すると必ず「では、イエスは医学的意味での治癒はおこなっていないのか」という疑問を発する人が出てくる。その事実を聖書からは読み取ることはできないとしか言えない。ただし、イエスがその人を「癒した」のは事実であろう。そしてその行為こそがその人を「救った」のである。

罪人と交わる

イエスの独特の行動パターンを語る別の「癒しの宣教」の物語をとりあげよう。

イエスは、再び湖のほとりに出て行かれた。群衆が皆そばに集まって来たので、イエスは教えられた。そして通りがかりに、アルファイの子レビが収税所に座っているのを見かけて、「わたしに従いなさい」と言われた。彼は立ち上がってイエスに従った。イエスがレビの家で食事の席に着いておられたときのことである。多くの徴税人や罪人もイエスの弟子たちと同席していた。実に大勢の人がいて、イエスに従っていたのである。ファリサイ派の律法学者は、イエスが罪人や徴税人と一緒に食事をされるのを見て、弟子たちに、「どうして彼は徴税人や罪人と一緒に食事をするのか」と言った。イエスはこれを聞いて言われた。「医者を必要とするのは、丈夫な人ではなく病人である。わたしが来たのは、正しい人を招くためではなく、罪人を招くためである。」（マコ２・13―17）

この物語も前項に準じて理解のポイントを列挙した上で解説してみよう。

・ここで語られる舞台はガリラヤ湖である。ガリラヤ湖は当時のユダヤ教の中心地で最も聖なる神殿が存在するエルサレムや死海のはるか北方であり、ユダヤ人にとってはまさに「いなか」であった。イエスがこのガリラヤ地方で育てられたのは新約聖書の記述から明らかである。イエスという名前は当時のユダヤ教ではごくありふれた男子名でそれゆえイエスは育った村の名前「ナザレ」を付加され「ナザレのイエス」と呼ばれている。イエスが独自の宣教活動を始めたのは、ガリラヤ湖北方に位置するカファルナウムという町を拠点にしていたものと考えられている。

・徴税人レビを弟子にする物語が簡潔に語られているが、徴税人を弟子にすること自体当時のユダヤ社会では考えられないことであった。徴税人は税を徴収する者を指すが、主に三つの理由でユダヤ社会から嫌われていた。ひとつは徴税人は自分たちを支配するローマ帝国のために徴税を行う「敵の協力者」として民族感情的に嫌われていた。二つ目はローマの協力者という意味で宗教的不浄者である異邦人との交流があるので、徴税人も宗教的に汚れていると見なされていた。三つ目は税という複雑なシステムで不正を働き私服を肥やしていたということで社会的不正者と見なされていた。これら三つの理由で徴税人はユダヤ人にとっては民族の敵、宗教的不浄者、社会的嫌われ者だったのである。そういう人間を自分の弟子にすることは通常は考えられない。

・そして罪人であるが、主に律法違反者を指す。現代で言うところの刑法違反者ばかりではない。当然、正統ユダヤ教徒からは二流市民のように扱われていた。律法違反者は律法違反をしないと生きていけない現実もあった。安息日に休めと言われても働かなければ日々の糧を得られない人もいただろうし、社会保障システムが現代の先進国と異なる社会で、社会的弱者、とくに夫を失った寡婦などの生活は悲惨であった。

・以上のような社会状況を理解すると、この物語を通じて示されたイエスの独特の行動パターンが理解できる。

・ファリサイ派というのは当時のユダヤ社会で律法を厳格に遵守していた一派で、そういう信念を持つ人が律法違反者を低く見下すことはよくあることである。この物語のファリサイ派の疑問は当時の社会ではある意味、当然であった。

・しかし、イエスへの不満を本人に直接伝えず弟子たちに告げる行為が、見る人から見れば姑息とみなされる。ゆえに、イエスは自分への不満を語るファリサイ派に自分から語りかける。このイエスの言葉にファリサイ派が同調するとは思えないが、イエスの信念や行動の独自性は読み取れる。

いつの世にも社会的弱者は存在する。彼ら・彼女らは自分の意志でそういう生き方を選んだのか、そういう生き方を選ばざるを得なかったのかはよくわからない。ただイエスはそういう人々とも食事をし、普通に接触していた。「大勢が従っていた」という一文からイエスの行動パターンが読み取れる。どこの世界に自分を軽蔑する人と食事を一緒にしたがる人がいるであろうか。政教一致が社会規範として強く機能している中で、イエスはそういう人々と自ら交わった。それはイエスが告げた「神の国」到来の宣教の信念であったと思われる。マルコ福音書ではイエスの最初の宣教の言葉が「時は満ち、神の国は近づいた。悔い改めて福音を信じなさい」（マコ1・14―15）である。イエスは誰にでも神の国を伝えただけではなく体験《たいけん》させたのである。それが社会的レッテルに関係なく食事を交わし、神の慈しみを告げる行為になっていたのである。イエスは別にユダヤ教の指導層を毛嫌いしているわけではない。誰とでも分け隔てなく接したのである。これが「神の国」宣教といわれるものである。イエスの宣教は決して自分を伝えるものではなく、彼が信じた神の創造主としての憐み・いつくしみを伝え、体験させたのである。それゆえ、イエスの宣教は「癒し」の宣教であり人々に「救い」として体験されたのである。

このレビという弟子は伝統的にマタイと考えられている。[3] イエスには十二人の弟子がいたとされる。しかし、マタイ福音書、マルコ福音書、ルカ福音書ではこの十二人の名前がリストアップされているが同名ではない。マルコ福音書とルカ福音書ではレビの名前が表示されるが、マタイ福音書ではレビの氏名は出てこない。その代わりにマタイ福音書の著者であると考えられてきたマタイの十二名のリストアップが興味深い。レビの代わりに「徴税人マタイ」と表記されている（マタ10・1—4）。兄弟関係者はその旨が記され、あと氏名の前に社会的身分が示されているのは「熱心党のシモン」だけである。マタイがあえて自分の名前の前に当時の社会の嫌われ者であることを示す身分を示したのは、こういう自分もイエスは平等に扱ってくれ神の憐れみを教えてくれたことへの感謝を見いだしていたと解釈するのはうがちすぎであろうか。そこにこそ、イエスの「癒し」があり「救い」がある。

悪霊を追い出す

福音書で描かれるイエスの奇跡物語は、病の癒し、悪霊の追放、自然に対する不思議な業（湖の嵐を叱責の一言で沈めるなど）の三種類に分類される。その内、「神の国」宣教にかかわるのが最初の二つと言われる。「神の国」を人々に体験させる体験型宣教と言える。三つ目はイエス死後の初代教会の状況を示していると言われる。この項では二つ目の悪霊追放の物語を取り上げる。

一行は、湖の向こう岸にあるゲラサ人の地方に着いた。イエスが舟から上がられるとすぐに、汚れた霊に取りつかれた人が墓場からやって来た。この人は墓場を住まいとしており、もはやだれも、鎖を用いてさえつなぎとめておくことはできなかった。これまでにも度々足枷や鎖で縛られたが、鎖は引きちぎり足枷は砕いてしまい、だれも彼を縛っておくことはできなかったのである。彼は昼も夜も墓場や山で叫んだり、石で自分を打ちたたいていたりしていた。イエスを遠くから見ると、走り寄ってひれ伏し、大声で叫んだ。「いと高き神の子イエス、かまわないでくれ。後生だから、苦しめないでほしい。」イエスが、「汚れた霊、この人から出て行け」と言われたからである。そこで、イエスが、「名は何というのか」とお尋ねになると、「名はレギオン。大勢だから」と言った。そして、自分たちをこの地方から追い出さないようにと、イエスにしきりに願った。

ところで、その辺りの山で豚の大群がえさをあさっていた。汚れた霊どもはイエスに、「豚の中に送り込み、乗り移らせてくれ」と願った。イエスがお許しになったので、汚れた霊どもは出て、豚の中に入った。すると、二千匹ほどの豚の群れが崖を下って湖になだれ込み、湖の中で次々とおぼれ死んだ（マコ5・1―13）。

この物語の理解のポイントを挙げる。
・ここで言及される湖はガリラヤ湖である。
・ゲラサはガリラヤ地方の異邦人の土地でそこの人々は宗教的不浄者とみなされていた。
・豚はユダヤ教では不浄な動物で食することは律法で禁じられていた。しかし、豚を必要な食料として飼育する異邦人もいた。
・イエスの時代、「悪霊」はリアルにその存在が信じられていた。現代のような科学技術の知識もなく、世界は神話と当時の宗教観・世界観で構築されている。それゆえ、イエスも当時の宗教的環境の中でその世界観を構築して、現代から読むと荒唐無稽な物語が構築され信じられていた。
・動物が集団で湖に流れ込んだり、海洋動物が一見自殺行為とみられる集団で岸に打ち上げられる現象は現代にも見られるが、現代の動物行動学でもその確固たる理由は説明されていない。また、現代でも精神医学的に病気と判断される事例は普通に見られる。当時の世界観では「悪霊」という理由づけで納得するのも不思議ではない。
・また当時は悪霊追放の物語は聖書以外にも見られ、悪霊追放のためにその正体を知る必要から名前を特定するという行為はキリスト教以外の文献にも見られる。

以上からこの物語を読み解くと、現代でも共通する普通の現象のひとつと理解・解釈しても不思議ではない。科学技術がこれほど発展している現代社会でも様々な現象を「悪霊」や「汚れた霊」に根拠づけて、いわゆる「悪霊追放」をまじめに行う宗教は日本にも存在し、暴走するとその団体は反社会的勢力になりそれに追随する人々がでてくる。そしてこれを「宗教」と呼んでいるのである。現代社会で「宗教」として認識されている多くの団体は反社会的行為を行わないし、人権を大切にする。それゆえ、この物語も「悪霊追放」というとまがまがしい物語に聞こえるが、きわめて当時の世界観・人間観からすればそれほど不思議な物語でもない。むしろ、当時の人々には説明できない現象をすっきりと説明するひとつの物語である。現代日本でも、病気や人生のターニングポイントを迎える家族や知人のために神仏に祈るという行為は普通に行われている。その祈りが聞き入れられる保証は何もないにもかかわらず。人間が本性的に持つ宗教的本能ともいうべき心理に起因するのである。人々はその祈りがたとえ聞き入れられなかったとしても、祈り・拝んだ対象を呪う人は少ない。むしろ祈ることを通して、精神の安寧や安定を獲得する。現代社会では「瞑想」（フィットネスと呼ばれたりする）の実際的効能も心理学的に認められ、仕事の効率化のために会社全体で「瞑想」の時間を設ける例も見られる。まさにイエスのこの行為はゲラサ人だけではなく、その地域の人々の「癒し」と「救い」をもたらす行為の解釈とみなすことが可能である。

イエスの言葉による「癒し」の宣教

今までイエスの奇跡物語を主に取り上げてきたが、イエスの宣教は行為だけではなく「癒しの言葉」による宣教も特徴的である。イエスがどれほどの教育を受けてきたのか聖書には具体的記述はないが、間違いなく話術の天才である。巧みな話術で「神の国」を人々に宣教している。イエスがガリラヤ地方出身であることはすでに述べた。当時のガリラヤ地方がエルサレムのはるか北方の遠隔地であり、それはその地域の教育レベルが決して当時の最高水準ではなかったことを推測させる。ちなみにパウロは自分がエルサレムで当時の高名なラビのひとりであったガマリエルのもとで勉強していることを誇っている（使22・3）。イエスはそういう機会には恵まれていなかったのであろう。もしそういう機会があれば、イエス自身はともかくイエスの死後宣教を行った弟子たちがイエスの権威付けのためにそのことに触れないはずがない。それでもイエスは、奇跡物語に見られるような体験型宣教とは区分される「ことばによる宣教」を行っている。それが人々に対する説教であったり、たとえ話であったり、当時のイエスの論敵であるファリサイ派やサドカイ派などとの論争などである。イエスはたとえ話をよくしている。少なくとも新約聖書の福音書にはイエスの語録が多く記録されている。その言葉による宣教のひとつとして「ぶどう園の労働者」のたとえ話を取り上げる。

「天の国は次のようにたとえられる。ある家の主人が、ぶどう園で働く労働者を雇うために、夜明けに出かけて行った。主人は、一日につき一デナリオンの約束で、労働者をぶどう園に送った。また、九時ごろ行ってみると、何もしないで広場に立っている人々がいたので、『あなたたちもぶどう園に行きなさい。ふさわしい賃金を払ってやろう』と言った。それで、その人たちは出かけて行った。主人は、十二時ごろと三時ごろにまた出て行き、同じようにした。五時ごろにも行ってみると、ほかの人々が立っていたので、『なぜ、何もしないで一日中ここに立っているのか』と尋ねると、彼らは、『だれも雇ってくれないのです』と言った。主人は彼らに、『あなたたちもぶどう園に行きなさい』と言った。夕方になって、ぶどう園の主人は監督に、『労働者たちを呼んで、最後に来た者から始めて、最初に来た者まで順に賃金を払ってやりなさい』と言った。そこで、五時ごろに雇われた人たちが来て、一デナリオンずつ受け取った。最初に雇われた人たちが来て、もっと多くもらえるだろうと思っていた。しかし、彼らも一デナリオンずつであった。それで、受け取ると、主人に不平を言った。『最後に来たこの連中は、一時間しか働きませんでした。まる一日、暑い中を辛抱して働いたわたしたちと、この連中とを同じ扱いにするとは。』主人はその一人に答えた。『友よ、あなたに不当なことはしていない。あなたはわたしと一デナリオンの約束をしたではないか。自分の分を受け取って帰りなさい。わたしはこの最後の者にも、あなたと同じように支払ってやりたいのだ。自分のものを自分のしたいようにしては、いけないのか。それとも、わたしの気前のよさをねたむのか。』このように、後にいる者が先になり、先にいる者が後になる。」（マタ20・1―16）

この話は「天の国」のたとえ話である。マタイ福音書ではユダヤ教徒への説教が多い。ユダヤ教では「神」という言葉を直接用いることを宗教的畏怖から避ける。そのような背景から「神の国」を「天の国」とよんでユダヤ人に話しかけるイエスの姿が述べられる。

本項でもいくつかのポイントに触れてたとえ話の意味を解明していく。

・この話全体の展開は、現在の先進国の経済原則では矛盾に充ち満ちている。わたしたちの常識では労働の報酬は労働時間に比例する。朝早くから一日一デナリオンの約束で雇用関係を交わしたのなら、それより短い労働時間に対して同じ報酬を約束するのは不正である、少なくとも不平等のそしりは免れない。

・しかし、このぶどう園の雇い主は朝早く（おそらく六時）暑い中で働いた者にも、夕方五時から一時間しか働かなかった者にも同じ報酬を支払っている。朝早くから働いていた労働者も雇い主に文句をいっている場面が出てくることから、イエスの時代でもこの雇い主の労働報酬の支払い方は異常であったのであろう。

・このたとえ話のポイントは報酬が一デナリオンであるということである。わたしたちは聖書の物語に登場する当時の度量衡（長さや重さや価値の単位）が理解できず、結果、読み飛ばしてわたしたちの現在の常識で判断してしまう。

・新共同訳聖書の巻末には度量衡の表が載せられている。それを見ると、一デナリオンは「ローマの通貨で、一ドラクメと等価（一日の賃金に当たる）」とある。

・現代の先進国でさえ、労働者の労働報酬をめぐっては労使間で種々の話し合い、交渉、ある場合には闘争が行われる。

・当時、社会保障という概念が社会全体に浸透していない時代、一日一デナリオンという報酬は、いかにも不安定である。職にありつけた人や日はなんとか生きて行けたかもしれない。しかし、まず毎日職にありつける保証がない。そしてその日その日の糧をえなければ一家は食するにも窮したかもしれない。ましてや職が見つからない、家族の一員が不測の事態となれば、たちまち生存の縁に追いやられる。

・このたとえ話に出てくる夕方五時からの労働者は決して怠けていたわけではない。雇われるのを待ち望んでいた。だからぶどう園の主人の質問「なぜ一日中何もしないでここに立っているのか」という問いに対し、この労働者は、「誰も雇ってくれないのです」と答える。ぶどう園の主人は、そういう人を安く買いたたいて働かせることもできたであろう。しかし、物語を読み進めるとこの主人は決してそういう人ではなかった。一日中雇われるのを待って立っていた人の気持ちを理解したのである。どんな思いで立っていたのか。さらに、一時間しか働かなかった人に一二分の一デナリオンを支給しても、その報酬はその家族の生存のためにたいした金額にならないのもよく知っていたようである。

・逆に朝早くから働いた人は肉体的にきつかったかもしれないが、雇用され一家が無事に今日も生きていけるという安心感につつまれていたのかもしれない。だから主人は言う。「友よ。あなたに不当なことはしていない」「自分の分を受け取って帰りなさい。わたしは最後の者にも、あなたと同じようにしてやりたいのだ。わたしはおまえに不平なことはしていない」「わたしの気前のよさをねたむのか」。

この物語は現代でも見られる状況である。現代において平等社会といってもまずその前提条件が違う。どの家庭に、あるいはどの地方に生まれたのか。持って生まれた性格というか資質によって、社会からの扱われ方が違う。ある意味で人生のどこでも競争社会である。その中で運のいい人もいれば悪かった人もいるであろう。イエスが説く神は、必要な人に決して惜しまない姿で描かれる。不意の交通事故か自然災害かはたまた詐欺にあったりする人を心にかける姿で描かれる。だから、決して必要な人に必要なものを惜しまない「気前のよい父」なのである。父は決して自らの子のためには惜しまない。何らかの原因で傷つき、予想もしないことで欠乏に陥ったわが子に心をよりそわせ包み込む。まさに「癒しの姿」であり「救いの姿」である。

このような姿の人は、ある意味で不平等な人とみなされるかもしれないし非難を受けるかもしれない。「彼の一家が欠乏しているのは彼が怠け者だからだ」「まじめに働いている人はどうなる」。イエスは答える。「友よ。わたしは不当なことはしていない」「わたしの気前よさをねたむのか」。結局、イエスの話に出てくるような人はいつでも現れるわけではない。人は自分の人生と家族に責任をもつはめになるであろう。それでも、それまでのいっ時、誰かが手をさし伸べてもいいだろう。だれよりも神はこの全世界の創造主であり、すべての生き物に思いをかけているのだから。そう思うときに、まさにこのたとえ話は聞く人の「癒し」の物語であり「救い」のメッセージになるのである。

三　イエスの受難、死、復活と「癒し」と「救い」の関係について

イエスは「神の国」の宣教を行ったが、死後、復活信仰によってイエス自身が宣教される内容に組み込まれていく。キリスト教においてイエスの受難、死、復活が中心的な内容になっていく。この項ではその意味を概観していく。

イエスの死の経緯

イエスは自分のホームランドであるガリラヤで宣教を行ったことになっているが、最後はユダヤ教の中心地であるエルサレムに上りそこでユダヤ教指導層と決定的対立に陥り、十字架で処刑されている。イエスがエルサレムに何度訪問しているのか福音書によって異なる。マタイ、マルコ、ルカ福音書では生涯一度のみであり、ヨハネ福音書では三度ということになっている。ともかく、イエスはエルサレムで刑死し、イエスの弟子たちもエルサレムに自分たちの共同体の拠点を最初に設置しているのは間違いない（使徒言行録の最初の数章より）。その後、イエスをキリストと告白する人々の拠点は、当時のローマ帝国の三大都市のひとつ

であるエルサレム北方に位置するアンティオキアに移り、その後帝国の首都であるローマに移ったと考えられる（使11・19以降）。エルサレムはユダヤ戦争（66－71年）と呼ばれるローマ帝国への反乱によって急速にユダヤ教の中心地としての立場を失っていき、キリスト教共同体も宣教上の必要からもエルサレムを放棄する。

さて、イエスの死の経緯であるが、イエスの受難は福音書の多くの部分が割かれている。その経緯をたどっていくと明らかにユダヤ教指導層との軋轢である。ただし、すでに触れたが当時のユダヤ人たちには死刑執行権が与えられていなかったので、ローマ帝国の政治犯として告発（ローマ総督ピラトへの訴え）によって所期の目的を達成したのである。

イエスの死後の弟子たちの「復活体験」

イエスの死の経緯まではは当時のローマ帝国内ではある意味、どこでも見られる処遇であり現象である。イエスをキリストと告白しだす共同体が生まれたのはまさにイエスの弟子たちの「復活」体験である。これもまた当時のユダヤ人たちの複雑な宗教事情が絡んでいる。それはフラヴィウス・ヨセフスという人物の証言によって現代にまで伝えられている。ヨセフスはさきほど触れたユダヤ人のローマ帝国への反乱に加わっており、途中捕虜になりユダヤ戦争を克明に記録している（『ユダヤ戦記』）。また、ローマに連行された後にユダヤ人の歴史を執筆する（『ユダヤ古代誌』）。彼の証言からイエス時代のユダヤ教には主流三派が存在していたことが知られる。サドカイ派、ファリサイ派、エッセネ派である。最初の二派はイエスの論敵として新約聖書にも登場する。最後の一派は新約聖書では触れられていないが二〇世紀に入り死海のほとりで集団生活を送っていた一派の書物が洞窟から発見される（『死海文書』と呼ばれる）。現在ではその集団はクムラン教団だと同定されている。サドカイ派はエルサレム神殿を権力の基盤としていたのでユダヤ戦争で神殿が崩壊するとその権力の基盤を失い滅亡してしまう。エッセネ派もユダヤ戦争に参加したのでローマに滅ぼされてしまう。ファリサイ派は戦争には参加しなかったので、ユダヤ戦争後も生き残り現代のユダヤ教の主流派となる。この三派はユダヤ教理解にも相違があり、サドカイ派は天使も復活も信じていなかったが、ファリサイ派は信じていた。イエスや同調者はファリサイ派の考えに近かったようであり、天使も復活も信じていた。またパウロもファリサイ派だと述べているし、初期教会にはファリサイ派から参加したものがいることが聖書に述べられている（使15・1―21「エルサレム使徒会議」と呼ばれる）。またパウロは三回目の宣教旅行後捕縛されユダヤ人たちから尋問をうけるが、尋問者にファリサイ派とサドカイ派がいることを理解したパウロは「復活」を論点として提示し、両者の論争に導くことに成功している（使22・1―23・10）。ここですでに「復活」という宗教的前提が準備されており、その思想を共有していたものが初期キリスト教の共同体を形成するのである。そしてその初期共同体は自分たちの先生であるイエスの死の意味についてこの「復活」という思想から光を得て、イエスの宣教をこの光のもとで解釈し「癒し」と「救い」の宣教だと確信していくようになるのである。「イエスは神から使わされた救い主である」という信仰が生まれ、ユダヤ教から離れていくのである。ただし、ユダヤ教から離れていったのは自覚的選択というよりは、当時の初期共同体の政治・宗教的関係から自然に発展していったと考えるべきかもしれない。

四　現代的コンテキストの中で

キリスト教は世界でも有数の宗教教団に成長し、現在ではほぼ地球上全域で信徒を獲得している。ただし、イエスがどういう意味で「救い主なのか」はいつの時代も問われ続けることになる。それはキリスト教を受け入れる人々の人間観・世界観に左右されるからである。一言で「救い」と言っても、置かれている人々の状況によってその意味内容は異なる表現になる。たとえば、夏の日照り続きの天候の中では雨が「恵み」と体験され、梅雨続きで湿気が高い気候ではカラッとした青空が「助かった」という体験になる。現代の自然科学の発達や人間理解や社会理解によっても救いの意味内容が異なる表現をまとうことがある。しかし、言えるのはイエスの宣教は「神の国」を体験させることであり、それはまさに「癒し」と「救い」の体験なのである。イエスの奇跡物語を文字通り信じろと言われても、現代人の多くには受け入れがたいであろう。しかし、聖書の証言はそういうことを伝えるために書かれているのではない。聖書が書かれた当時の社会・宗教・政治・文化的状況において読み手が理解できるように書かれている。イエスが体験させ伝えた「癒し」とは「救い」とは何かを語っている。その意味ではつねに出会う文化に順応しつつ、宣教相手とコミュニケーション可能な言語と表現で再解釈され続けられねばならない。

現代においても社会的弱者は存在するし、ゆえなき偏見で苦しむ人々はあとをたたない。そして人は誰でもいつかは死を迎えるのである。キリスト教の宣教使命はイエスが説いた「神の国」を語り、イエスがもたらした「癒し」と「救い」を人々に体験させ告げることである。壮麗な建物で宝石や美術品にあふれた教会を作り続けることでもないし、宣教活動によって信徒を獲得しその教勢を拡大することでもない。教会が現代も必要とされるのはイエスが告げた「癒し」と「救い」を人々にもたらすからに他ならない。その一線が守られている限りキリスト教は宗教としての使命を失わないであろう。

註

（1） 本論では今後「カトリック教会」と表記する場合はローマ・カトリック教会を意味する。

（2） 文化順応（インカルチュレーション）は宣教がもたらす必然の結果である。新約聖書がギリシア語で書かれているのは当時の地中海世界の共通語であったからである。その意味では新約聖書最初のインカルチュレーションと言えるかもしれない。イエスがアラム語で語った証拠は新約聖書にはっきりと痕跡がのこされている。「アバ」などがイエスの肉声として記録されている。ただし、ギリシア語を理解したのかどうかははっきりとはわからない。ローマ帝国では新約聖書成立後次第にローマ人たちの母国語であるラテン語が優勢になっていき、カトリック教会ではラテン語が公用語として支配的になっていく。

（3） バロック時代の巨匠カラヴァッジオの「マタイの召命」という絵画は有名である。

癒しの人間学
――健康に生きるとは――

越前　喜六

ノイローゼを体験して、癒しの源泉に気づく

わたし自身の癒しの体験から、本稿を始めたいと思う。人生において、健康がいかに大切かは、病気をなさった人はみな、実感しているにちがいない。生まれながらにして、ご先祖からの遺伝子（ＤＮＡ）で、丈夫に育った人は、健康を当たり前と思っているかもしれないが、病気をした途端に、そうではないことに気づくのである。健康もまた宇宙万物のお恵みであり、賜物なのだと思えば、普段の生活で、もっと健康に配慮するかもしれない。

わたしは、一九三一年の満州事変のときに、秋田県の大館市に十人兄姉（兄が七人、姉が二人）の末っ子として生まれた。幼少時の頃のことは覚えていない。物心がついた頃には雨

や雪の多い寒い土地柄なので、身体的に丈夫だと思ったことはない。腺病質体質でもあったので、病気には弱かった。特に胃腸が弱かったので、食欲もあまりなかった。しかも、厳しい風土と、日中戦争、太平洋戦争、敗戦という戦中・戦後の異常で貧しい時代に育ったので、生きていることに、喜びや楽しさを感じたことはほとんどなかった。すべてが空しいと感じた青春時代であった。電器店の店から流れてくる、わが町出身の上原敏が結城道子とデュエットで歌う「暗い浮世のこの裏町を、のぞく冷たいこぼれ陽《び》よ。なまじかけるなうす情け、夢もわびしい夜の花」という「裏町人生」の流行歌を聞きながら、学校に通ったものだが、この歌の文句が文字通り、当時のわたしの心境であった。

旧制中学校三年の一五歳のときに、終戦を迎えた。戦後、学制が改革され、わたしが一七歳の中学五年のとき、今の新制高校が発足したので、進級することにした。それで、わたしは新制高校の一期生となった。大学へ進学したかったが、両親も亡く、実家は兄嫁が取り仕切っていたし、お金もなかったので、卒業と同時に家を出た。一九四九年三月、一八歳の時である。そして向かったのは、信州は長野市であった。そこでは、わたしの兄が出版社をはじめていた。戦後は、紙も少なかった時代なので、青少年向けの教育的な雑誌や書物を出版していたが、本はよく売れていた。兄の会社に勤め、出版の仕事に励んでいたが、問題は言葉であった。ずうずうの秋田弁しか話せなかったわたしは、議論好きな信州人（長野県人）

の能弁にはとてもかなわなかった。それで、すっかりコンプレックスに陥り、ノイローゼになってしまった。当時は、長野カトリック教会にも通って、洗礼の準備をしていたが、大勢いる若者の中で、寡黙でちぢこまっていた。対人恐怖症や言語恐怖症のような状態であった。

ノイローゼを昔は、神経衰弱とも呼んでいたが、とにかく信州人にはかなわないという劣等感で不眠症にもなり、自殺をしようと思ったこともあった。が、自殺は地獄へ行くと教えられていたので、辛うじて踏みとどまった。こうした深刻な心理状態が一年近くも続き、本当に苦しかった。誰にも悩みを告白できないので、なおさら辛かった。そのとき、家にあった一冊の本に目が留まった。その本は『家庭医学』という書物で、庶民の家には、大抵一冊はあったものだ。専門的な医学書ではなく、一般の人の健康に役立つことが書かれていた本であった。赤い表紙に覆われていたので、「赤本」と呼ばれていた。その本を繙くと、「抵抗療法」という言葉が目に飛び込んできた。何だろうと思って、読んでみると、こういうことが書かれてあった。人生の病気でも、逆境でも、困難でも、試練でも、それに直面した時に、僕はもう駄目なんだと思った途端に、どんどん落ち込んでいく。わたしの場合は、僕は秋田県人で東北訛りのずうずう弁しかしゃべれないから、信州人にはとても敵《かな》わない、と思い込んでいた。こうしたわたしは駄目だという、思い込みというか劣等意識が、ノイローゼの原因だったのである。わたしは教会の青年会の集まりの中でも、議論には参加せず、ただ黙っていただけで、劣等感に陥っていたのである。抵抗療法という言葉を目にしたとき、そうだ、いくら僕がずうずう弁でも、彼らとしゃべってみなければ、できるかできないかわからないではないか。だったら、思い切ってしゃべってみよう、そう決心したのである。それからは、教会の集まりのときには、自分の意見を遠慮なく言うようになった。わたしは出版の仕事、いわばジャーナリズムの端くれの仕事をしているのではないか、だから意見や感想や批評を言うことはできるはずである。そう思って、勇気を出してしゃべってみたら、信州人以上に弁じ立てるようになって、周りからも一目置かれるようになった。そうした体験をした途端、わたしのノイローゼは胡散霧消し、自信が湧いてきたのである。今は、説教師、伝道師として、神のみ言葉を語ることに、こよなき喜びと幸せを感じている。

「赤本」に書かれていることが真実と思うのは、人間には、生来、健康を保持しようという命の本能があり、それには自然治癒力が備わっているということであった。わたしは、人間が「神の似像《じぞう》」（創1・26）として創造されたことが真実であると信じているので、人は、本来、完全な存在ではないかと考えていた。それが楽園から離れて、現世という世界に生まれたときに、喪失したのではなく、忘却してしまったのではないかと思った。喪失なら、無くなることであるが、忘却だと、有ることは有るが、有ることを忘れてしまっている状態なので、実際の現象体験としては、無きに等しいのではないだろうか。

この知と無知の間には、天国と地獄の差があるのではないかと、わたしは考える。その根底にある哲学的かつ神学的な原理によると、人は神の似像なので、神に似て、完全・完璧であり、また創造力が賦与されているから、思っていることが現出するのではないだろうか。つまり、意識するしないにかかわらず、人の思念も感情も言葉も行動もみな、現象を創造しているのである。だから、病気を考えたり、愛したりすると、実際に病気になるのではないか。わたしのケースでいえば、わたしはうまくしゃべれないのだ、とずっと考えていたからこそ、ノイローゼになったのである。だから、健康を愛し、健康であることに感謝し、健康を大切にすると、本当に健康になるのではないだろうか。これが健康の法則であろう。

また、人は本来、魂と心（精神）と体から成り立っている三位一体的な存在である。この真実を忘却したことから、不幸への転落が始まったのではないだろうか。魂というのは霊的存在なので、不滅であり、神の似像を刻印された聖にして尊い自己性にほかならない。だから、人は魂において、「①わたしたちはすべて一体である。②充分である。③しなければならないことは、何もない。」（ニール・ドナルド・ウォルシュ著、吉田利子訳『神との対話』③、サンマーク文庫、二〇〇二年、五五九頁）と言われる存在ではないだろうか。精神は知性（分別）のはたらく領域、心は感情のはたらく領域、身体は感覚のはたらく領域であるので、魂の道具であり、手段であり、機能であると言ってもいいだろう。したがって、現世において

「これがわたしである」と思い込んでいる自我（エゴ）は、精神の領域にでんと構える我執に過ぎず、真の自己ではないのである。この我執こそ、あらゆる迷妄と煩悩の根源にほかならない。つまり、苦の根源ではないだろうか。仏教はそう教えている。

「わたし」というアイデンティティ（自己同一性）、つまり人格（ペルソナ）は、魂という霊の領域の核心と言ってもいいだろう。それは当然、神という創造霊に包摂されている。換言すれば、「わたしたちは神の表現形態の一つにほかならない。したがって、わたしは神です」と主張する書物もある（リズ・ブルボー著、浅岡夢二訳『〈からだ〉の声を聞きなさい』ハート出版、平成二五年、増補改訂版・第一刷、一七、二三頁）。したがって、人は本来、健康なのである。それが不健康になるのは、自然な法則を無視したり、軽視したりした生き方をするからではないだろうか。すると、病は、健康の欠如であり、自分の生き方や行動の仕方を自然の法則、たとえば、因果応報、自業自得に照らして修正しなさいというサインではないだろうか。そして、身体の病気や不調は、精神に問題がある、あるいは心（感情）に問題がある、あるいは魂に問題があるというサインではないだろうか。それに気づいて、問題を解決すれば、自然治癒力によって、自ずと人は、健康になるのではないか。医師の診察や治療は、それを助け、促すものにほかならない。医者が病人の病を癒すのではなく、患者自身が、自分を癒すのである。

アメリカの精神科医で死生学の第一人者、エリザベス・キューブラー＝ロス博士（一九二六―二〇〇四年）は、「人間が、霊（魂）、知性、感情、肉体という四つの領域から成り立っているから、もしこの四つが調和していれば、病気にならない。病気の原因は主に三つある。①トラウマ（心理的外傷）によるもの、②遺伝によるもの、③四つの部分の不調和によるもの、と言っている」（『「死ぬ瞬間」と臨死体験』鈴木晶訳、読売新聞社、一九九七年、二二二頁参照）。これに感染症も加えることができるかもしれない。いずれにしろ、博士が健康に関して、四つの領域（部分）の調和を重視していることは明らかである。

多くの日本人は、普段の生活において、人は体と心しかないと思い込んでいる。心という言葉を広い意味で受けとめ、霊魂や精神も含めていれば、大丈夫だと思うが、実際は、せいぜい心理学的な分類で、意識、潜在意識、無意識ぐらいしか考えていないのではないだろうか。やはり、もう一歩掘り下げて、霊である魂の存在まで、認め、信じなければ、本当の癒しというのは、難しいのではないだろうか。なぜなら、魂は「神の似像」であるから、本来、健康そのものである。そして、神と一体であり、その表現である魂は、完全・完璧であって、何でもできるとしたら、精神（知性）、心（感情）、身体の癒しをも取り仕切っていると言わなければならないだろう。生前、主イエスがよく病人に対して、「あなたの信仰があなたを救った」（マタ9・22）と言われた。それは信仰によって、主キリストの治癒力が、信仰者の魂を通して、病気の箇所を癒されたからである。奇跡と言われるこうした癒しの現象は、魂の治癒力によるが、それは魂が主なる神と一つになっているからである。それが治癒力を発揮するためには、信じるという主体的な態度を患者が取る必要がある。もう一つは、人が罪を犯すとき、魂が堕落すると言ってもよいだろうが、正しくは神から離反してしまったという事態であろう。だから、イエスは、中風の人を癒されたとき、「子よ、元気を出しなさい。あなたの罪は赦される」（マタ9・2）と言われたのではなかったのか。罪というのは、神の法則（み旨）に違反することである。それは、結果的に神から離れてしまったことを示している。だから、主キリストが、最後の晩餐の時に、「ぶどうの枝が、木につながってなければ、自分では実を結ぶことができないように、あなたがたも、わたしにつながっていなければ、実を結ぶことができない。わたしはぶどうの木、あなたがたはその枝である」（ヨハ15・4―5）と言われたのである。そのように、罪を犯すというのは、命と力の源泉である神から離れてしまうことだから、その結果、さまざまな病や不幸や禍などの事態を招くことになるのではないだろうか。

罪が赦されるというのは、神との和解が実現することなので、再び神の命と力（それを教会は恩恵〈gratia, グラティア〉と総称している）が、魂はじめ他のすべての能力や機能に流れ込んでくるのを表している。それを感じたら、速やかに病が癒されるであろう。だから、その病人は健康になったのである。仏教では、神を想定しないが、法（ダルマ）いう真実の法則を認めている。一例を上げると、人は「蒔いた種を刈り取る」し、「自業自得」ともいうが、「善因楽果・悪因苦果」と教える。人が善を選ぶとき、幸福になり、悪を選ぶとき、不幸という結果を必ず招くという。それなら、禍を避け、幸多き人生を送りたければ、善の種を蒔き、悪の雑草を除去するように努めなければならないだろう。それは結果的に、存在と生命とエネルギーの源泉である神に帰一することにほかならない。

世の中の天変地異は、われわれ人間の意識とは関係なく、自然の現象として生じることだと、長い間、考えてきた。ところが、最近のスピリチュアルな書物を読んでいると、人類の集合意識が、天地自然の環境に影響を与え、予想しない事態や現象を惹き起こすことを知った。だから、わたし自身も、若い時は不満居士・文句居士であったので、多くの迷惑を周りの人々に与えてきたことを反省している。それは、言葉が創造力を持っていることを知らなかったからである。思念も感情も言葉も行動もみな、創造力を有しているが、それなら、宣教や教育の仕事に携わっているわたしは、常に思念を意識しながら、言葉の力を有効に使うように努めるべきではないだろうか。たとえば、キリスト教の講座では、イギリスの哲学者、フランシス・ベーコン（一五六一—一六二六）の「知は力なり」という有名な言葉を引用しながら、主イエス・キリストの福音のメッセージの内容を学ぶことが、キリスト者として極めて大切であることを説く。神に関する、あるいは人間に関するスピリチュアル（霊的な）知識があるのと、無いのとでは、雲泥の差があるということを教える。神は、人々を真実という知識で導いておられることを忘れてはならない。無智からは、悪が生じる。それなら叡智から、愛と幸福が生じるのは当然ではあるまいか。人は知らないことを思い出したり、経験したりすることができないからだ。神や主イエス・キリストのことを多少でも知っていないと、どうしてその人に、主なる神や主イエス・キリストに関する神秘について語ることができよう。そして、こうした真実の知識が無いと、自己（セルフ）の深奥から癒しの力を引き出してくることができないのである。

精神の癒しとは？

精神のはたらきは主として、物事を知るという認識作用である。だから、最大の病は、無智であろう。人は眼があるから、物を見ることができる。耳があるから、声や音を聞くことができる。舌があるから、食物の味がわかる。鼻があるから、匂いを嗅ぐことができる。身体はあるから、物に触れることができる。当たり前のように普段何も意識しないかもしれないが、そのうちのどれか一つでも病にかかると、途端に五感の健康の有難味がわかる。わたしは、眼科や歯科や耳鼻咽喉科や内科など、多くのクリニックや病院の専門科に通院しているので、健康にはいつも感謝している。ましてや高齢者でもあるので、自分の健康管理には自分自身が気をつけなければならないと思っている。そのためか、年齢の割には健康であるといわれる。

一般的なことだが、可能性というのは、種子みたいなもので、芽生え、生長したいという内的衝動を秘めている。それが抑えられていると、生長できなくて、死んでしまうだろう。能力もそうである。それを発揮したいものだとしてうずうずしているものなのだ。だから、学習したいというのは、ごく自然な欲求である。欲求は、ある程度満足させられなければならない。これに関しては、アメリカの心理学者、エイブラハム・H・マズローの欲求五段階説という学説があるので、参考にしてもらいたい。彼は、基本的欲求の最後に自己実現の欲求をあげている。その中には認知欲求も含まれている。

さて、精神の機能は主に知ることであるから、知性（理性）の能力は極めて重要である。子どもは物心がつくと言葉を覚える。同時に、異常なほど強烈な好奇心を抱く。何でも知りたがる。こうして知能が発達していく。知能は何でも、これが何か、なぜか、どうしてか、何のためかと考えて、物事や事象の真実や法則を知りたがる。こうした、知能の発達が阻害されると、病気が生じることがある。したがって、大人は子どもの質問を馬鹿にしないで、真摯にしかもできるだけわかりやすく答えてあげることである。大人はよく、小さな子どもは何にも知らないと思っている。とんでもないことである。人には皆、必要かつ有益な知識がすべて、生得的にその魂にインプットされている事実を知らなければならない。生まれたときに忘れてしまっただけである。それを思い出させることが、教育の仕事にほかならない。彼らがすでに知っていることを意識的に知ること、それが本当の学習にほかならない。当然、教師は尊敬心をもって、生徒たちに接するだろう。しかも、知るというのは、単なる記憶ではない。真実を本当に悟るための過程（プロセス）こそ、真の学習であり、研究であり、探求なのである。

たとえば、自分とは何者かという問い、あるいは何のために生きているのか、といった重大な問題に対して、直ぐに解答が与えられるわけではない。人間は神によって創造された似像ですよ、とか、天国において神の如き人として成長するために、現世に生きているのですよ、と答えても、それはキリスト教が提示する抽象的な観念による答えに過ぎない。本人が本当になるほどと納得できる知り方、すなわち一種の悟りを得るのでなければ、本当に覚知、すなわち本人が生得的に知っていることを経験的に知ったことにはならないのだ。この経験知を求めて、良いアイディアが浮かべば、それを表現し、実践するための手立てを講じ、そして実際に行動する。そうして創造されたものを体験するのである。それが経験知である。

認識や思考の能力としての知性のはたらきは、現世における生き方をより良いものにするために極めて大事であるが、反面、こうして生まれてくる自意識によって、エゴという自我が形成される。自我（エゴ）とは、これが自分だと思い込んでいる自意識のことで、実体はない。それがあたかも実体であるかの如く考えているのが「我執《がしゅう》」であって、それがあると、傲慢、優越感、偽善、虚栄、自己卑下、権力志向、強情、恐れなどを感じるようになる。これは精神の病といってもよい。それを癒すには、愛しかないという。「愛には素晴らしい癒しのパワーがあるからだ」（リズ・ブルボーの前掲書、一三七頁）とある。

精神には、必要としているものが七つあるという。羅列すると、①個性、②真実、③尊重、④導くこと、⑤手放す、⑥安心、⑦生きがいである（前掲書、一七六―一八四頁参照）。こうした著者の主張に、人間学の立場からわたしなりのコメントをすると、次のとおりになる。

①個性というのは、すべての被造物が独自性を持ったユニークな存在であることを前提に、自分らしさを認識し、受容した上で、自分らしく行動することである。他者の真似をしないことだ。わたしには、十人兄弟中、男子が八人いた。同じ両親から生まれたが、性格や個性はみな違っていた。わたしの身内で、わたしのような生き方をしている人は誰もいない。「似た者同士」という諺があるが、同じ者同士というのは存在しない。たとえ、一卵性双生児であってもそうである。わたしが存在者のユニーク性を確信したのは、雪のひとひらの結

晶がみな違い、まったくユニークであることを知ったときからである。わたしは雪国に生まれ、育ったので、それがよくわかる。

②真実を知りたい、というのは、精神の本能みたいなものである。そして、正直に振る舞おうとする。言うことと行うことを、できるかぎり一致させようとする。政治家や団体等の責任者が、言行不一致なのは、信頼の欠如につながり、大きな迷惑を人々にかけることになる。こういう人たちは、天罰という自然法則の裁きがあることを知らなければならない。

③尊重とは、自他を尊く思うことである。人でも動物でも物質でも何でも、尊重し、大事にされると、物事は必ず好転する。すべては神が創造されたものである。ゆえに、神の現れでないものは、何一つない。みな、尊い存在なのである。だから、尊敬、尊重の念で、取り扱うとき、すべてはうまくゆくのである。当然、感謝する。わたしは、何かを使用した後、不要な物は捨てるが、そのとき、捨てられる物に「ありがとう」と言ってから捨てる。

④導くとは何か。人は自分を必要としてくれる人を必要とする存在である。人は誰でも人の役に立ちたいと願っている。そして自分が他者を助け、導くことができれば、自分の存在価値がわかって嬉しくなる。それは人が、本来、神の似像として創造された、神聖かつ完全な存在だからである。しかし、それが十分表現されないと、そこにフラストレーションを覚える。人は神ではないので、人を救うことができない。しかし、人を助けたり、導いたりす

ることはできる。その場合、助言（アドヴァイス）として与えるのであって、相手を支配しようとしてはならない。
⑤手放すとは、わたしたちの内奥には、〈内なる神（それを超意識や霊と呼んでもよい）〉があって、わたしたちの魂と精神のニーズを熟知している。それを信じ、認めて、魂が感情を通して伝える〈内なる声（インスピレーション）〉に従うことである。その場合、結果に執着しないことだ。どんなことがあっても、心の平安を保って、幸せでいることが大切である。
わたしは、イエズス会の修練院に入って、二年間修練期を過ごした時、この手放し、すなわち解放（自由）から生まれる心の平安を経験した。それ以来、無一物《むいちもつ》というか、貧しさの素晴らしさがわかった。わたしの好きな禅の言葉の一つに、「無一物中無尽蔵《むいちもつちゅうむじんぞう》」というのがある。清らかな貧しさ、すなわち清貧の豊かさを経験するためには、まずアッシジの聖フランチェスコが「わが神よ、わがすべてよ」と常に祈っていたことを思い出さなければいけない。貧しいことが善いこととなのではなく、あなたの心の内奥には、神が臨在されている。だから、すべてに満たされているという霊的体験をするためには、可見的、物質的な物への執着から離脱しなければならないのだ。それを清貧というのである。
⑥安心について、前にも少し触れたが、安心（平安）の反対は、恐れであり、不安である。在世中、主イエスは、弟子たちにしばしば「恐れるな」と言われた。それは、不安や恐れが

あれば、神とつながることができなくなるからだ。昔、若い時に読んだ霊性の書物の中に、「ある意味で、不安は罪より悪い」という言葉があった。その言葉に出会ってからは、心配、不安、恐れを極力避けるように努めてきた。なぜ、不安や恐れに陥るかというと、神への信頼と自分への信念が欠如しているからにほかならない。聖書に、「神の国は、飲み食いではなく、聖霊によって与えられる義と平和と喜びなのです」（ロマ14・17）という聖句がある。わたしの非常に愛好している言葉の一つである。

⑦生きがいとは、人間学的には、生きる甲斐性のことである。つまり自分が生きているのは、こういう価値を創造し、実現するためである、という目的意識を持って毎日を生きていくことだ。リズ・ブルボーの前掲書にある言葉だが、わたしはそれが真実だと信じている。すなわち人類すべての人が、何のためにこの地上に存在するのかといえば、その理由は〈自分が創造性に満ちた神〉であることを悟るためなのだという。だから、まず自分自身と自分の思考や感情や行為をすべてあるがままに受容（同意しないとしても、良しと認めること）し、自分がしたことを肯定し、それらはすべて貴重な経験であって、光（神）に戻るための契機にほかならない、と確信することである（前掲書、一八四頁参照）。非常に励まされる言葉である。

感情（心）の癒しとは？

何度も繰り返しているが、人間のアイデンティティ（自己同一性）である「わたし」という人格は、霊である魂にある。が、魂の道具、手段、機能として、思考や認識を司る精神、愛や直観や感性を司る心（感情）、それらを基に外部の世界に向けて創造の活動をする身体がある。そう、わたしは理解している。それらの部分や機能が、全体的に調和してはたらいているなら、人は健康な状態で生きていられるだろう。だから、昔のヨーロッパの思想にあったような、霊肉二元論で生きるならば、不健全な人間に成ってしまうにちがいない。わたし自身、若い時、肉体を蔑視し、感覚的な世界を軽視し、霊的な事柄や行《ぎょう》だけが尊いと考えて禁欲的な生き方をしたことがある。その結果、極めて偏屈で歪んだ性格の人間になった体験がある。

神が創造されたものは、宇宙を含め、万物は「極めて良かった」（創1・31）のである。人間は自我意識という思念、言葉、行為によって、神に背き、神から離反した。その結果、人間社会には悪が生じた、と教わった。これが〔原罪〕である。けれども、悪というのは、実体として存在するのではなく、スコラ哲学によると、「善の欠如」と言われる。たとえば、病というのは、健康の欠如である、という。ゆえに、「ある」という存在のレベルでは、すべては完全であり、善なのである。そう信じ、そういう見方をするのが、本当の信仰や知恵というものではないだろうか。

人には、自由（意志）があるので、自分にとって善なるものを選択し、それによって成長し、幸せであるはずなのに、無智や誤謬からか自分を害する物事を選択することがある。その結果、病になったり、失敗したり、困った事態を招いたりするのではないだろうか。それは不幸なことだと受け止めることもできるが、「失敗は成功の基なり」で、自分の誤った考え方に気づく契機にもなろう。人間は、真実に気づくことによって、健全に成長していくのである。

さて、前にも言及したが、精神科医で、死生学の権威者、エルザベス・キューブラー＝ロスは、長年にわたる末期患者のケアの経験と研究から、感情の抑圧が一番悪い、と指摘している（『「死ぬ瞬間」と臨死体験』鈴木晶訳、読売新聞社、一九九七年）。人間には、五つの自然な感情が神から授かっている。それは、恐怖、悲嘆、怒り、嫉妬心、愛だという。この自然な感情が、一歳から六歳までの間に、受容され、適当に発散することが許容されていれば、大人になって、情緒が安定し、ほとんど問題がないという。

自然な〈恐怖〉は、二つしかない。高所恐怖と突然の音響恐怖のみである。あとの恐怖は、人為的に伝えられたものだという（一〇四―一〇五頁）。〈悲嘆〉は自然な感情であり、人生におけるあらゆる喪失に対処するための、天から与えられたもっとも貴重な贈り物だという（一〇六頁）。〈怒り〉、特に子どもの自然な怒りは、一五秒しか続かない（一〇八頁）という。その子どもが怒りを抑圧したり、親から叱られ、お尻をぶたれ、部屋に閉じ込められたりすると、怒り・憎しみ・復讐心の固まった「悪魔」になるだろうという。どんな人の心にも、悪魔と天使が同居している（筆者が書き替えている）。憎しみは歪んだ怒りである。〈嫉妬〉は自然な感情である。子どもにとって、プラスの感情であり、向上心である。それを大人がけなすと、醜い羨望や競争心に変わるという（一一四頁）。〈愛〉は自然の感情のなかで最大の問題である、と指摘する。愛は、この世界を自己破壊させかねないほど重大な問題であるという。愛が正しく理解できないと、かならず大きな問題に直面するという。愛には二つの面がある。手を触れ、抱擁したりして、肉体的な安心感を与えること、もう一つは「ノー」という勇気であるという。ノーと言えないということは、あなたのなかにあまりに大きな恐怖、羞恥心、罪悪感があるからだという（一一四―一一五頁）。愛に関して極めて大切なことは、無条件で愛することである。条件付きの愛は、娼婦の愛だという。五世紀の教父、聖アウグスティヌスは、ある愛に関する論述の中で、人は誰でも生まれながらにして愛することができる。しかし、何をどう愛するかによって、その人の人格的な価値が決まる、という趣旨のことを言っている。ということは、わたしの解釈によれば、例えば、殺人を愛すれば殺人者になるし、盗みを愛すれば盗人になる。反対に、学問を愛すれば智者になるし、慈悲を愛すれば愛の聖者になるし、神を愛すれば神になろう。だから、愛しなさい、という教育だけでは不十分である。何をどう愛するかも教えるべきであろう。

ヨーロッパの哲学や思想の中で、長年、勉強してきたわたしは、つい最近まで、人間の能力の中で、知性（理性）が最高で、感情はそれに劣る能力だと考えてきた。と同時に、欲望もそれと同じく、厄介なものだと思ってきた。こうした間違った、歪んだ考え方や認識の仕方をしていて、本当に幸福になれるだろうか。否である。そうした考え方の間違いに気づき、感情というか「心（ハート）」こそ、神と一体になっている魂のエネルギーや叡智が人間性の隅々まで流れていくチャンネルであることに、霊性の読書や瞑想によって気づくことができた。

人間の心の深層にある根本的な感情は、愛と不安（恐れ）であるという。愛は神に向かい、神と一つになる情動。もっと大胆に言うなら、神になる力だという。反対に、不安は神から離反している状態である。だから、いくら逆立ちして修行しても、救いを得ることはできないという。

だから、癒しや救いを経験するためには、まずネガティィーブ（否定的）な感情、たとえば、憤怒・憎しみ・恨み・嫌悪・反感・批判・罪悪感などを意識化し、それらを捨てなければならない。また不自然な感情（既述した自然の感情ではない感情や理性で考えられた感情）も捨てなければならない。そして、ポジティーブ（積極的）な心情、たとえば、感謝・謙虚・喜び・平和・受容・ゆるし・共感・尊敬・愛などを抱いていなければならない。

感情の癒しのためには、意識化（気づき）と受容、そして発散（言葉による表現）が必要である。言語化といってもよいかもしれない。

リズ・ブルボーの前掲書によると、〈恐れ〉と〈罪悪感〉と〈不安〉は、感情の内で、人類を最も強力に支配しているという（一八八─二〇五頁参照）。〈恐れ〉も、他の感情同様、わたしたちの意識が創り出したものだ。たとえば、夜道を歩いていて、蛇を踏んだと思ったら怖くなるだろう。しかし、良く見たら、木の枝だったということがある。「幽霊と見たり枯れ尾花」みたいなものである。しかし、恐怖に理性で立ち向かっても負けるに決まっている。恐怖を乗り越えるには、実際に行動することである。わたし自身の劣等感を克服した例は先にあげた。

罪悪感と、実際に罪深いこととは、大きな違いがある（前掲書、一九八頁）という。〈罪深い〉人というのは、実際には、ほんのわずかしかいない。〈罪深い〉というのは、自分自身ならびに他者に対して、悪意を持って害を加えることだからである（前掲書、一九九頁）という。倫理神学を習ったときも、悪いということを知って、それに同意するとき、罪を犯したことになると教わった。そして、物事の軽重によって、大罪となったり、小罪になったりするという。悪いことをしたと自覚し、悔悛するなら、罪は赦されるが、罰は残る。それは償わなければならない。カトリック教会には、「ゆるしの秘跡」というサクラメントがあるが、本稿とは直接関係がないので、省略する。他者に迷惑を掛けたときには、その人に直接謝罪することである。

前掲書の著者は、感情を健康にするための貴重な助言を与えている。それを人間学的に解釈しながら引用する。七つ挙げている。①創造性、②美、③愛情、④帰属、⑤希望、⑥信頼、⑦目的（二二三―二三七頁参照）である。

①創造性：人はみな個性があり、お互い違う。自分の個性を自覚し、自分らしく行動しようとするとき、創造性を発揮することになる。かつてわたしが某大学の職業指導部長をしていたとき、学生へのガイダンスで、まず自分の適性を発見すること。発見したら、できるだけ適性に合った職業に就くようにとアドヴァイスしたことがある。他人の真似をしないことだ。では、どうしたら自分の適性がわかるかというと、〈願望〉、〈好悪〉、〈能力〉と少なくても三つのポイントを押さえることである。つまり、「あなたは社会で何をしたいのか」と自問する。次に「何が好きか」を自問する。最後に、「それができるかという自己能力があるか」をチェックする。少なくてもこの三点がクリアされていないと、人生で成功するのは

むつかしいと、説いた。

②美：前掲書の著者、リズ・ブルボー氏によれば、「外側の世界に美を見られない人は、内側の世界にも美を見ることができない」（二二六頁）という。わたしは、若い時から、スピリチュアルな世界にばかり関心を抱き、物質的な世界や自然の世界には興味を持っていなかった。それが間違いであったという事実に気づくまでは随分と時間がかかった。そのきっかけになったのは、学生時代、学生の塾に住んでいたが、あるとき大学の教授館の前で、フランス人の神父で、フランス語の教授の先生から呼び止められ、「越前さん、あなたは一六世紀のパリー大学の学生であった聖フランシスコ・ザビエルや聖イグナチオ・デ・ロヨラや聖ペトロ・ファーベルなどが学んでいた聖バルバラ学院のモットーをご存知ですか」、と訊ねられた。「いいえ、知りません」と答えると、その神父は、こう言われた。「よく祈り、よく学び、よく遊ぶ（*bene ora, bene stude, bene lude.*〈ベネ　オラ、ベネ　ストゥデ、ベネ　ルデ〉）」ですよ、と。むろん、ラテン語で言われた。つまり、祈りや学習だけでは足りませんよ、遊びも必要であり、大切である、ということをわたしに諭されたのである。わたしには禁欲的な面があることを見抜いておられたのであろう。昔は、遊ぶ場所も時間もお金もなかったが、けれどもできるだけ友人を誘って、喫茶店に入ったり、銀座を散歩したりして、遊びにも意を向けることにした。イエズス会に入会して、これが役に立った。もし遊びがな

かったら、換言すれば、美意識を伸ばしていなかったら、緊張の糸が切れて、イエズス会を辞めていただろう。

感情にとって、感覚的な美、精神的な美、スピリチュアルな美は、健康を維持し、発達させるための不可欠な滋養にほかならない。

③愛情：存在するすべてのものを慈しみ、好み、育み、関わろうとする衝動は、本能的なものだ。神は愛であるから、万物すべてが愛によって、創造され、生き、動き、存在していると言えよう。だから、どんな人も生物も、愛したいし、愛されたいと願っている。それが適当に満足させられないと、病気になる。感情は、愛情の主座であるから、愛情が欠如すると、感情が歪む。フランス語の愛情には、関心という意味があると、前掲書の著者が指摘している。愛されたいと思うなら、まず先に愛することだ。わたしは子どものときから、周りの人々から充分に愛されたという体験も記憶もない。

しかし、神さまには愛されていると信じていたので、ぐれることはなかった。愛されるためには、まず先に愛することである。愛情のあかしとは、前掲書にもあるが、ちょっとした慰めの言葉や励ましの言葉、一輪の花、愛情のこもった言葉などである。また、他者を愛するためには、まず自分自身を愛さなければならない。愛の種をたくさん蒔くとき、いつか愛は芽を出し、生長していくだろう。愛のエネルギーは、与えれば減るようなものではなく、もっともっと強力になっていく。わたしは神父として、そういう経験は充分にさせてもらっている。

④帰属：心理学者のA・H・マズローは、基本的な欲求の第三段階に、帰属と愛の欲求を挙げているが、わたしは、戦後の青年時代、教会の信者になることによって、帰属欲求を満足させたことがある。その後も、修道会の会員なので、孤独ではあるが、孤立してはいない。趣味のグループでも良いが、何らかの団体のメンバーになって、お互い交流し合うことである。家族、学校、職場も一時は、帰属するが、終生というわけにはいかない。やはり、宗教団体に所属することが一番安全な道ではないだろうか。

⑤希望：希望について、前掲書は、「洞窟の奥に見える小さな光」と美しく表現している（一二三二頁）。人は、希望という光に向かって、人生を歩んでいる。その希望とは、神の家である天国に向かって、人生のさまざまな体験を通して、「自分は神の子である」という自己洞察を深めていくことではないだろうか。

⑥信頼：まずわたしは神を信仰しているので、万事において、神に信頼している。だから、祈りは必ず聞き入れられる。それは自分の欲するままにお恵みが頂けるという意味ではない。神がわたしにどういうお恵みをお与えになるかはわからないが、最も適当な時に、適切な恵みをお与えになるにちがいないと確信して、お祈りしている。祈りには信頼が欠かせな

い。また、自分自身を信頼するためには、どんな人に対しても、自分を率直に表現すること だ、と前掲書にはある（二三三頁）。そして、信頼に値する人になるには、最小限、嘘をつかない、正直である、素直である、誠実であるということが必要であろう。わたしは子どもの時、父親から、「商人は信用が第一だよ」と言われたことをよく覚えている。

⑦目的：前掲書の著者、リズ・ブルボー氏は、「望みと目的は違う。望みが目的に変われば、必ず実現する」（二三五頁）。また、この七つのニーズのうち、一つでも満たされなければ、あなたのエネルギーがブロックされてしまい、生きる上でのエネルギーが湧いてこないはずだ（二三七頁）と書いている。厳しい言葉と思うが、みな関連し合っているからであろう。感情の健康と調和を取り戻すために、感情が必要としている栄養を十分に取ろう。

感情の癒しにとって一番必要なことは、適当な言葉で、自分の感情を表現することであろう。

身体の癒しとは？

身体の癒しのためには、まず、病気だと気がついたら、速やかにしかるべき病院やクリニックに行って、医師の診察と治療を受けることである。こういう当たり前のことが意外に行われていない。魂の癒しを担当するのは、宗教家であろうが、身体の病の癒しを助けるのは、専門家の医師にほかならない。現代は、予防医学も盛んに言われている。前にも書いたように、人間には自然治癒力が備わっているが、それを発揮させるためには、医師の正しい指導が必要である。わたしは、幼少時から体が虚弱体質なので、結構、病院やクリニックの世話になっている。病院に入院して、手術を受けたことも数回ある。それで、現在は、高齢者であり、長生きしたいとは思っていないが、生きている限り、なるべく健康でいたいと思っている。それは、本分である使徒的使命を死ぬまで果たし続けたいと願っているからだ。

私事にわたって申し訳ないが、近くにクリニックが多いという恵まれた環境に住んでいるからだが、四〇代の頃からK病院の患者なので、再診やお薬をもらうために、二か月に一回は病院通いをしている。大病院の患者だと、何か他の病気にかかった時も、院内紹介してもらえる。救急車で救急外来に行っても、カルテが病院にあるので、治療を受けやすい。地方は知らないが、東京ではクリニックの医師の紹介がなければ、直接、大病院で診てもらうことはむつかしい。だから、各人、かかりつけの医師を持ったほうがよいだろう。わたしの場合、年一回の千代田区の健診もある。それは、行き慣れたクリニックでしてもらっている。総合病院はむつかしい。その他、定期的に、近所にある皮膚科、眼科、歯科、風邪や花粉症の場合は耳鼻咽喉科に行く。医療費は、高齢者なので安い。そのうち二割負担になるだろうが。

日常生活における健康管理では、節度ある飲食、七時間程度の睡眠、部屋でできる範囲内での健康体操を三〇分位、それに二千歩程度の散歩を習慣づけている。帽子をかぶり、ステッキを持って外出するのは、以前、歩いていて坂道で転んで、頭と顔をぶっつけたことがあるので、医師から転ばないようにと注意されているからだ。おしゃれでやっているのではない。〈からだ〉の声を聞くというのは、健康維持だけでなく、癒しのためにも重要である。一般的に言えることかもしれないが、神の似像であり、神の子である人間にとって、何かに気づくとか、受容するとかは、極めて大事なことである。それは神の如き人に成長していくために、絶対に必要なことである。日常生活における、吉凶禍福にしろ、善悪・損失にしろ、あるがままに意識し、気づき、感じた上で受容すれば、万事が益になることがわかろう。

身体の癒しと健康維持のために、わたしが本書で引用した、リズ・ブルボー著『〈からだ〉の声に聞きなさい』は、具体的で、細やかで、それでいて力強いメッセージに満ちた良書として推薦する。

スピリチュアルな健康とは？

近年、〈スピリチュアル〉という言葉が流行している。関係する書物もたくさん刊行されている。この英語を文字通り訳すと、〈霊的な〉になるが、ほとんどの日本人は、意味がわからないと思う。以前にあったことだが、国連の世界保健機関（ＷＨＯ）による「健康」の定義に、身体的、精神的、社会的な健康という言葉の他に、スピリチュアル（霊的な）健康という言葉が加わったが、残念ながら、キリスト教的な文化背景のない日本では、それが理解できず、社会的な健康で誤魔化した。それは、人間が、〈魂〉と〈精神（心を含める）〉と〈身体〉から成り立っている完全な生命体である、という真実がわかっていないからであると思う。

わたしは、キリスト教的人間学が教える人間観を真理と信じている。それによれば、「人間は神の似像」（創１・26―27参照）として創造され、受肉された主イエス・キリストの死と復活による救いのみ業によって、「神の子」（ヨハ１・12―13参照）とされたとある。したがって、人間は本来、聖にして完全・完璧で偉大な存在といえる。そして、「神から生まれた人は皆、罪を犯しません。神の種がその人の内にいつもあるからです」（一ヨハ３・９）と聖書にある。この「神の種」とは何か。聖書学者は、聖霊が宿っていると解釈しているが、わたしは人間の本性である人性が、神の恩恵によって、神性と合体したが、それは種子のような可能態ではないかと考える。ともあれ、主イエス・キリストの救済のお陰で、神の似像として創造された人が、堕罪から解放されたばかりでなく、「神の子」と呼ばれるほどになったのである（一ヨハ3・1）。

人格（私というペルソナ）の核心は、〈魂（霊）〉といえる。そして、それは永遠・不滅である。〈精神〉のはたらきである知性や心の座であり、はたらきである〈感情〉や物質的世界で活動する〈身体〉は、みな魂の道具であり、手段に過ぎない。魂の究極の願望は、自分が活ける三位一体の創造神の表現形態、換言すれば創造された神としての自己実現に向かって進化・発展していることを経験することではないだろうか。

スピリチュアルな人というのは、どういう人なのだろうか。聖人のことを連想するかも知れないが、そうではない。すでに述べているように、人間は本来、神の似像であるから、スピリチュアルな存在である。しかし、それを自覚している人は、残念ながら、極めて少ない。わたしは、大学に赴任してから、主に学生や若者を対象に、「現代キリスト教入門講座」を開講してきた。もう五〇年近くになる。多くの若者が参加し、学び、共に祈り、時には合宿して、キリスト教の信仰に生きるとはどういうことかを考えてきた。けれども、本当にスピリチュアルな人間になるとはどういうことかを悟った人は、それほど多くはなかった。それはむろん、わたしの伝道や司牧の未熟さにもよるが、彼ら一人ひとりが、自分自身は本来、神であり、神の顕現、表現であり、神と一つであるという神秘を信じ、認め、悟るための行《ぎょう》、すなわち祈りや瞑想や霊的読書が不足しているからではないかと思っている。

瞑想とは、禅宗の坐禅を参考にすると、まず調息、姿勢を正しく坐ることだ。わたしは長年、「禅とキリスト教懇談会」という仏教者と霊性の交流をし合う会に参加して、五〇年近くになるが、そこで本格的な坐禅を教わった。転んで足を怪我してからは、椅子坐禅にしている。姿勢を正しく腰掛ける。次に調息といって、腹式呼吸をする。息を吸って、一、二と数える間、息を止める。次に、一、二、三、四と数えながら、ゆっくり息を吐く。この吸うが二、吐くが四は大事である。こうして心が安らかになり、静かになると、調心といって、雑念は気にせず放念し、感情の動きに注視しながら、坐禅を続ける。大体、二〇分位で、一〇分位の経行《きんひん》をするが、個人で坐禅する時には、二〇分位で終わっていいだろう。坐禅中に何か良いインスピレーション（直感）があったら、終わった後、ノートにメモしたらいいだろう。自分にとって良い勧めであるなら、神の御声と見なして、実行することである。そうすれば、すべてがうまく運ぶだろう。結果が良ければ、原因が良いわけだから、神からの霊感とみなすことができよう。

祈りや瞑想に限らないが、「継続は力なり」で、毎朝、実践し続けることが大切である。

習慣になれば、実践がずっと容易になり、楽になる。瞑想の極地は神体験だが、それは対象と一体になって、無我になったときに、経験されるだろう。

前掲書も強調しているが、本来、わたしたちは皆、神であり、神の表現形態にほかならない。だから、どんな人の中にも、またどんな存在物の中にも、神を観るというか、感じることができる。それができれば、その人は本当にスピリチュアルな人物といえるだろう。そういう人に成るべく、人生の吉凶禍福、善悪相対、損得など、さまざまな困難や試練を超えて、日々成長していくことが、人生の目的ではないだろうか。わたしは、イエズス会の養成を受けた身なので、イエズス会の処世術も多少心得ている。それで、朝の祈りのときに、神は全能であると同時に、すべてで「ある」方なので、愛と信頼の心をもって神を賛美し、感謝してから、すべての必要な恵みや賜物や助けや導きを祈り求める。その後、祈りが終わったら、神のことを忘れて、人事を尽くすように努めて来た。これは、イエズス会の創立者、聖イグナチオ・デ・ロヨラの処世術であった、と教わった。ここでは、神と人の協同作業がうまく調和している。つまり、他力であると同時に自力なのである。

それには幾つかの課題を克服していかなければならない。それを思いつくままに列挙すると、以下の通りになると思う。

概念知と経験知の間には、雲泥の差がある。無智から概念知、概念知から経験知へとらせん状を描きながら進化・発展していくことが、生命のダイナミズムにほかならない。魂は神と一体化しているから、智慧も愛も創造力も勢いよく湧き出ている泉のようなものと想像することができる。しかし、罪を犯して、命と愛と喜びの源泉である神から離反したがゆえに、堰き止められた池みたいに孤立してしまった。

だから、魂のスピリチュアルな健康のためには、まず第一に自分の罪業を認め、悔悛して、神に罪を赦してもらうことである。人がどんな罪を犯しても、心から悔悛するなら、慈しみ深い主なる神は、主イエス・キリストのみ名のゆえに、人の罪を赦される。信仰と祈りがあれば、誰でも神の許に行ける。

第二に、無智を克服しなければならない。真実を知らなければ、健康にも幸福にも決してなれないだろう。人は、知識にもとづいて選択し、行動している。ある人は、人間が生得的に必要な知識を持って生まれてくるという。これは本当だろうが、しかし、自分がすでに知っているということを知らなければ、無知と同じことではないだろうか。だから、学びや体験によって、生得的な智恵を思い出すことが重要である。ともあれ、人は知らなければ行動することができない。記憶や成績の問題ではない。現代の学校教育は、根本的なところでおかしい。クイズで満点を取るような博識な人が頭の良い人、イコール善い人という人間観がある。おかしいと思う。わたしがイエズス会に入会し、哲学や神学を学修していたとき、これは第二バチカン公会議の前であったが、教授はほとんど西洋人であった。彼らから学んで一番ショックを受けたのは、頭が良く、成績が上位の人は、人格的にも立派な人間という価値観というか、見方であった。われわれ日本人にとっては、馬鹿は困るが、頭の良い人はイコール人格的にも立派な人物という判断はない。勉強が良くできても、道徳的に悪い人もいれば、反対に成績は中ぐらいであっても、道徳的に誠実で、正直で、素直であるという人も、大勢いる。

西洋の主知主義的思想が、思い上がりの下地になっていることは、否めないと思う。ともあれ、長年、大学の教養教育に携わってきて気づいたことは、教養とは、知情意の調和と発展である。それに霊性が加われば、「真人〈しんにん〉」(『臨済録』岩波文庫)となろう。それはまさに、理想的な教養人と見做されるであろうが、現実は、夏目漱石の『草枕』ではないが、「智に働けば角が立つ」で、知性に偏り過ぎていては困った事態になると思っている。

第三には、愛の欠如や不足を無くすことである。自分自身を初め、すべての人間や生き物、それに無機物に至る存在物を愛するという情動〈〈ギ〉デュナミス〉は、水が高きから低きに流れていくように、極めて自然なことである。しかし、それが阻害されたり、減少したりすると、色々な弊害が生じる。病もその一つである。愛という情動は、愛し、愛されるという相互交流が、正常であるが、何らかの理由で、愛したいのに愛せないとか、愛されたいのに愛されなかったという体験をすると、深いトラウマ（心理的外傷）が潜在意識に残る。わたしは小さい時、大家族で育ったが、男兄弟が多く、女姉妹が少なかったので、本当に愛されたという実感が乏しい。やはり、母親が小さい時に亡くなると、愛情の欲求不満が無意識に沈殿する。それを意識化し、神の存在と愛を信じて、よく祈っていたがゆえに、わたしの場合、ぐれずに済んだと思う。その上、人から愛されたいということを期待しないで、「愛は与えること」だから、自分から進んで他者や他物を愛するように努めた。愛の表現はさまざまだが、わたしは神父であり、教育者なので、物資を人に与えるということはあまりしない。けれども、言葉や笑顔による布施は、最大限に活用した。また、態度や行動によって、わたしの善意や好意を示すように努めてきた。

ともあれ、神の愛を信じて、自己愛と自助（セルフ・ヘルプ）に努めるならば、愛された経験があまりなくても、愛する自信が生まれて、スピリチュアルな健康を保つことができよう。これはわたし自身のささやかな経験からの言である。

キリシタン時代の癒し

デ・ルカ・レンゾ

どの時代の人間にも苦しみや病気から逃れたいという本能があります。おそらく、人間が存在する限り、どの時代にも「医者」や「癒しを与える」人が必要とされるでしょう。しかし、どんなに努力しても、人間の力だけではどうすることもできない状況に陥ることがあります。そのようなとき、人間は自分を越える大きな存在に出会い、頼ることになります。形はどうであろうとも、「宗教」は人間に欠かせないものだと思います。現代においても、人は「癒し」を求めて宗教、またその根拠である神に近づきます。

キリシタン以前の日本での癒し

キリシタン時代以前の日本にも苦しんでいる人、またその面倒を見る「医者」がいました。それはおもに宗教とつながりを持つ人の勤めでもありました。日本の伝統的な宗教者は癒し、またそれを願う祈りを担当していました。多くの場合、苦しんでいる人、あるいはその関係者が宗教者に祈りを頼むという形をとり、そして癒されると、祈りを頼んだ寺社などに寄付をしました。『御湯殿上日記』、『天文日記』などには、ザビエル来日約一〇年前の天文九（一五四〇）年に、〔将軍足利義晴は〕、「七月一三日、諸社寺ヲシテ、御平癒ヲ祈ラシム」とあり、また、『御屋上日記』には、〔同年月〕「二八日、廣橋兼秀ヲシテ、因幡堂ニ代参セシメ、御平癒ヲ祈ラシメラル」とあります。この短い間隔で様々な寺社に祈りを頼んでいることから、その病気が当時流行していたことも伺えます。宗教に熱心とは言えなかった秀吉も様々な寺社に祈らせていたことが、それぞれの日記に残っています。

このように、どの国のどの時代にも癒しと宗教は密接な関係を持っています。医学が発達した現代においても、宗教に任せるしかない状況は少なくありません。

宣教師と癒し

ザビエルの来日以後、キリスト教にも「癒し」が求められました。代表的な人物として、医学の知識をもったルイス・デ・アルメイダ修道士が活躍しました。例えば、一五六六年に福江（五島列島）の大名であった五島純貞からの宣教師派遣の依頼に応じて、アルメイダとロレンソが五島へと渡りました。純貞は彼らを温かく迎えましたが、後継者になるはずの五島純定が急に重い病気にかかると、現地の人々はそれが宣教師を迎え入れた罰であると受けとめました。反発を受けながらもアルメイダが彼の診察の許可を願い出て、治療が見事に成功すると、周囲の人々の態度が変わり、当地でキリシタンが増えるきっかけにもなりました。その後も、身体的な癒しが報告されています。ルイス・フロイス著の『日本史』に出る府内病院の様子を引用します。

（我らの）主は、聖水によってこれらの人々に多くの慈悲を授け給うたのであり、病気を患っている異教徒たちは、熱病、その他の病気に対して効果のあるその薬斜を教会へ求めに来させるほどであった。病院では、十年も二十年もかかっていた外傷や潰瘍が治療され、十五日で快癒した者も幾人かいた。主（なるデウス）は、その町で、人々が真のデウスを認めるようにしようと、その他幾多のことを行ない給うた。数名の者は、病を癒されようとして、五十里も六十里（もの遠く）から来訪した。さらに（当）国にいた貴人や名望ある仏僧たちも治療を受けに来て、当（一五）五六年の夏だけでも、六十名以上が治療された。大勢の人々が説教されたことをよく理解して、病気の後キリシタンとなったが、病人たちだけではなく、その両親や妻子たちも（キリシタンとなった）。（松田毅一　川崎桃太訳『日本史』6、中央公論社、昭和五三年、一八四頁）

宣教師が書いた報告書には、聖水や聖遺物による奇跡的な癒しが少なくありません。同時に、そのような効果だけを頼りにしない努力も見られます。身体的な癒しは人の関心を引くのに役立ちますが、癒しは本来、利害を超えてキリスト教の信仰を伝えることを目的としているので、場合によってはこの「成功」が妨げになることもあります。キリスト教信仰を持って迫害に耐えた人々のことを考えるならば、やはり多くの日本人にとってキリスト教信仰を持つことは、利害関係を中心にしたものではなかったとわかります。

霊的な癒し

キリシタン時代に限りませんが、多くの場合、身体的な事柄から霊的な事柄に導かれていくようになります。それを見事に示す史料を見てみたいと思います。

ここ博多の市において主（なるデウス）は、治療を受けた人々の中でも殊に二人を大病から快復させ給うた。一人は当市の既婚男子で、激しい頭痛のために度々自殺しようとしたが、主は約十三日間で健康を授け給うた。もう一人は青年で、全身をレプラ〈ハンセン氏病〉に冒されていたが、キリシタンらは信心と教えにより、私が主の助力を得て健康を与えることができると考えて、彼を私のもとに連れてきた。私は彼に会うなり、その病のための薬がないと言い、彼らが失望せぬように彼のために非常に簡単な薬を作らせ、再度診察するので三日後に来るように言った。主は彼に健康を授けることを嘉し給い、三日後、彼はその病にかかっていなかったかのように、すっかり清潔になった。私はかのキリシタンらの信心が篤く、我が身の徳が少ないことを恥じた。そしてキリシタンには、かの病を治癒したのは薬ではなく、主がその教えを愛するが故に彼を治癒させ給うたと考えるように言った。彼は早速、自分をキリシタンにするように請うたので、私はもう一人の頭痛の癒えた既婚者とともに、教えのことを理解した後、キリシタンにした。（豊後より一五六一年一〇月一日付、アルメイダ修道士書簡『十六・七世紀イエズス会日本報告集』Ⅲ、一巻、同朋社、一九九七年、三七四—三七五頁。〔 〕は引用者注）

この史料にあるように、身体的な癒しを必要とする人は霊的な次元に目覚めるような体験をすることがあります。その癒しをどう解釈するかによって、それを与えて下さった神に感謝したり、それに関わった人に感謝したりします。換言すれば、人間の業としてとるか、人間を通して働く神の業としてとるかによって同じ癒しでも異なった次元の体験になります。身体的に関わらない霊的な癒しもあります。その代表的なものは、罪の赦しであり、キリスト教本来の福音そのものでもあるので、日本のキリシタンも、それを絶えず求めていました。参考までに『スピリツアル修業』（一六〇七年出版）の二箇所をとり挙げたいと思います。

また現在に充満ちたる辛苦一辛労、難艱なることを受け流すために、強き心を得ることもこれにあり。その故はクルスに架り給ふゼズ・キリシトを見奉るに勝りて心の強くなることとあらんいや？　その御傷は我らが傷を癒し給ふと観じ、その御痛みを観ずれば、我らが身の痛みを軽く覚ゆるなり。（海老沢有道、編著者『スピリツアル修行』教文館、

一九九四年、一一七頁）

御主ゼズ・キリシト汝が万づの不如意を叶へ給はんため、また汝のアニマにある諸々の病を癒し給はんためのご来迎なれば、汝がアニマにあらゆるほどの疵、一々のパショネス〔欲望〕、悪しきアビトス〔習慣〕を先として、毎回陥ち慣るる誤り、傾き易き落度、そのほか万づの不足を残らず御目にかけ、それそれの料簡を乞ひ奉るべし。（同上、四四五頁）

これを見れば、罪を霊的な病として認識し、その癒しを与えるのは救い主キリストのみであると明確に教えられていたことがわかります。

宗教の判断材料としての癒し

絶望状態にある人間にとって、癒しは何ものにも変えがたいものになります。そのため財産を使い尽くしてでもその癒しを求め、時にはその癒しを「商売」にしてしまうケースさえありました。これに関してもキリシタン時代に様々な報告がありますので、その一例を見てみましょう。

この訪問の機会を与えたのは、その村に偽霊験者、詐欺師が現われたことであった。彼は偽りと欺きをもって素朴な村人を納得させ、貧しさに苦しんでいる彼らのわずかな財産を脅し取った。この目的のために、海や陸のすべての生き物、人間の病やその他のすべてのことを司る神の代理者であるように振舞って、すべてのことを癒し、助けることができるなどと多くの偽りを言い触らしていた。実際には癒し、助ける振りをしながら、病気を治すどころではなく、あのかわいそうな人を一層危険な霊魂の病にかからせたのである。神父は、殿の留守中に助けに行き、詐欺師の偽りと欺しごとを明らかにした。(一六〇七年のイエズス会年報「長崎のコレジヨと修練院について」『長崎のコレジオ』一一六頁)

この報告によると、癒しを「売り物」にしていた宗教関係者がキリシタン時代にもいたことが確認できます。当然ながら、これはキリシタン側の報告であり、偏見をもった見方であるかもしれません。しかし、言葉上「偽 falso」がついていることからすると、キリシタン以外の「癒し屋」全てを偽物であったとみていないことがわかります。批判的とはいえ、キリシタン以外の宗教者が身体的なまた霊的な癒しを果たした報告もあります。つまり、昔も今も信仰を別にして、良心的に神に取り次ぐ者もいれば、そうでない者もいることが確認できます。上述のアルメイダが自分で認めている通り、そうしようと思えば、キリシタンたちもその癒しを誤った方法で使う、また解釈される危険がありました。キリシタンたちの間に乱用は全くなかったとは言えませんが、互いにそれを意識していたことになります。

終わりに

科学や医学が発達した現代においても、「パワースポット」、「癒しの場」などが流行しています。忙しいからこそ、現代人は様々な形での癒しを求め続けています。癒しは人間特有の、人間に欠かせない事柄であると言えます。また同時に、深い癒しは人間を越える存在があって初めて成り立つものでもあります。換言すれば、癒しは人間と神の関係を表す事柄でもあります。霊的な癒しを必要とするのは人間であり、それを与えることができるのは神のみであるという、宗教の根本に関わるものです。癒しを必要とする自分に気付いた人間は神に頼ることになり、信仰心に目覚めることになります。そして、それを認めることによって人間は本質を見失うどころか、むしろより人間らしくなるのではないでしょうか。キリシタン時代のように、現代においても、癒しを体験しながら人として成長していきたいと思います。

心が愛で満たされる

片柳　弘史

はじめに——癒しとは何か？

神戸の教会にいたころ、毎週、六甲山に登っていた。六甲山は、最も高いところで標高九三一メートル。縦横に張り巡らされた登山道を通って、半日ほどで山頂部に達し、お弁当を食べて有馬温泉方面に下山するというのがお決まりのコースだった。のんびり温泉につかっていると、一週間の疲れがどこかに消え去り、体と心に力が戻って来るのを実感した。これは、一番わかりやすい癒しの体験と言っていいだろう。

山登りによって、なぜ癒されたと感じるのか。それは、一つには、普段の生活を忘れて自然と触れ合うからだろう。山に登っているときには、目の前にある岩やそびえたつ木々、時おり目の前を通り過ぎる鳥や小動物などを見ることに集中し、他のことはすっかり忘れている。差し迫った課題のことや、人間関係でのトラブルなど、日常生活の中でストレスの原因になっていることを、すっかり忘れてしまっているのだ。これは、「肩の荷を下ろす体験」と呼んでもいいかもしれない。「あれもしなければ、これもしなければ」「ああなったらどうしよう、こうなったらどうしよう」などと思い悩み、両肩に背負い込んでいるたくさんの重荷を、大自然の中でいったん下ろすのだ。荷物を下ろして一日休むと、再び荷物を背負うための力が戻っている。それが癒しの一つのメカニズムだろう。

福音書は「疲れた者、重荷を負う者は、だれでもわたしのもとに来なさい。休ませてあげよう」（マタ11・28）というイエスの言葉を伝えている。大自然と向かい合う体験は、大自然の中に宿る神の愛と向かい合う体験と言ってもいいだろう。壮大な風景や美しい花、小鳥や小動物の生命力、夏の暑さの中で谷川に足を入れたときに感じる水の冷たさ、川面を吹く風のさわやかさ。そういったものを通して、わたしたちは神の創造の業の偉大さと、そこに込められた神の愛の深さに触れる。神は、わたしたちの両肩から重荷を取り去り、心の疲れを癒し、生きるための力をたっぷり注いでくださる。癒しの体験とは、そのようなものであるとも考えられる。

本稿では、癒しを「神の愛に触れ、心が愛で満たされる体験」と定義したい。そのような体験は、わざわざ山まで行かなくても、ごく身近なところにある。近くの公園に行けば、花壇に何かしら花が咲いているだろうし、スズメやハトなどの鳥たちもいるだろう。神の愛に触れて癒されるためには、ただそれらの被造物と無心になって向かい合い、神の創造の偉大さ、そこにこめられた神の愛に深さに気づくだけでいいのだ。対象となる被造物は、花や鳥などだけに限らない。日々、口にしている食べ物の中にも神の愛は宿っているし、人々との出会いの中で神の愛と出会うこともある。もちろん、聖書や、信仰の先達たちが書き残した書物を開き、祈りの中で味わう体験を通しても、わたしたちは神の愛と出会って癒される。大切なのは、他のことをすべて脇に置いて、ただ目の前にある被造物、ないし聖書に書かれた神の言葉と向かい合う姿勢だろう。わたしたちが心を開くとき、それらを通して神の愛がわたしたちの心に流れ込む。本稿が、日々のあわただしい生活の合間に神の愛と出会い、癒しを感じるためのヒントになれば幸いである。

一　自然の中で癒される

「空の鳥をよく見なさい」

日々の生活のことで思い悩み、疲れた人たちに向かって、イエスは「空の鳥をよく見なさい」「野の花がどのように育つのか、注意して見なさい」（マタ6・26、28）と語りかけた。あわただしい日々の仕事に追われ、自然と向かい合う心のゆとりを失いがちなわたしたち現代人は、この言葉に改めてしっかりと耳を傾けるべきだろう。公園で餌をついばむ鳥たちの姿を、その生命力に感動しながらじっと見つめるとき、道端に咲いた花を、その美しさに感動しながらじっと見つめるとき、わたしたちはそれらの被造物を通して神の愛に触れる。神の愛が心に流れ込むとき、心の疲れはどこかに消え去り、生きるための力が湧き上がって来る。「空の鳥をよく見なさい」「野の花がどのように育つか、注意して見なさい」というイエスの言葉は、一番身近なところにある癒しの体験へとわたしたちを招いていると言っていいだろう。

「浦上四番崩れ」と呼ばれるキリスト教迫害の中、津和野で命を落とした守山祐次郎は、拷問の体験について以下のように語ったという。

「八日目、もう耐えきれぬと思っていた時、向こうの屋根の上を見ると、一羽の雀が米粒を含んできて、激しく鳴いている小雀の口に入れてやっているのを見ました。わたしはすぐイエズス様、マリア様のことを思い出しました。小雀でも神様から親雀によって大事にされ、守られていると思うと、まして私がここで責められるのをご覧になって、より以上にかわいく思ってくださらぬはずはない。こう思うと勇気が百倍して何の苦しみも無しに耐え忍ぶことができました。」

これは、まさに「空の鳥をよく見なさい」の体験だと言っていいだろう。厳しい自然の中で、鳥たちが精一杯に生きている姿を見るとき、わたしたちはそれらの鳥たちを生かしているる大きな愛の存在に触れる。そして、自分たちもその同じ愛に包まれ、その愛に生かされているることに気づくのだ。そのような体験を、わたしたちを生かしている、命そのものに触れる体験と呼んでもいいかもしれない。すべての被造物を生かす神の大いなる命に触れるとき、わたしたちの心は生きるための力で満たされるのだ。

写真撮影の体験から

わたし自身は、鳥や花と向かい合うとき、カメラを手にしていることが多い。鳥や花たちの写真を撮るときに、まず心がけなければならないのは、人間の時間を忘れ、鳥や花たちの時間に入り込んでゆくことだ。「次はあの仕事があるから、ここはあと五分くらいで写真を撮って引き上げなければ」などと考えている限り、鳥や花たちは自分たちの本当の姿を見せてくれない。人間の都合、人間の時間の流れを離れ、ただ目の前にいる鳥たちの姿をじっと見つめ、花の美しさに目を凝らしているとき、鳥や花たちは、わたしたちが知らない本当の姿を見せ始める。いい歳をしたおじさんが、公園でぼんやり花や鳥を見ているのだから、周りの人たちからは「なんと暇な人なのだろう」と思われてしまうかもしれない。自分の心の中でも、「こんなことをしていていいのか」という思いが湧き上がって来ることもあるだろう。このためらいの壁を越えられるかどうかに、写真撮影の成否がかかっていると言っても言い過ぎではない。「いまは、ただひたすら自然と向かい合い、自然を通して神と向かい合うための時間なのだ。この時間には確かに意味がある」と覚悟を固め、「暇人」になったとき、わたしたちは初めて、被造物の本当の姿に触れ、被造物を通して神の愛に触れることができるのだ。

写真家の世界でよく語られる言葉の一つに、「写真は心で撮る」というものがある。わたしなりに解釈すると、それは、「まず自分が何を美しいと感じ、何に感動しているのか、自分の心をしっかり確かめる。それから、自分の感動を伝えるために最もふさわしい構図や露出を決めてシャッターを切る」ということだ。初心者は、何か美しいものを見たとき、自分が何に感動しているのかよく確かめないまま、その美しいものがある方向に向けてシャッターを切る。結果として、さまざまなものが写真の中に入り込み、その写真を見せられた人は、「この人は、何に感動したのだろう」と戸惑うことになる。自分が何に感動しているのかを、まずしっかり確かめることこそが、写真によるメッセージの伝達の第一歩なのだ。鳥たちの生命の躍動や、花たちの美しさは、神からわたしたちへのメッセージととらえることもできる。鳥や花を通して、神はわたしたちに愛を語りかけているのだ。神の愛に触れて癒されるためには、まずそのメッセージをしっかりと受け止めること、自分の心の中に生まれた感動の正体を、しっかり見極めることが必要だと言っていいだろう。ただ見るだけでなく、風景をしっかりと味わって消化する。神様のメッセージを、心の底にまでしっかりしみ込ませてゆく。そのプロセスの中で、わたしたちは癒されてゆくのだ。

美しさに気づく

「花を見てきれいだと思うことがあっても、感動するほどではない」「花のよさが、どうもいま一つわからない」という声を聞くこともある。実は、わたし自身も、二〇代の半ばころまでそうだった。亡くなったわたしの父は、園芸農家をしていたので、わたしは幼いころから何千鉢もの花に囲まれて育った。小学校の高学年くらいからは、出荷の手伝いをすることもたびたびあった。それにも、かかわらず、わたしは一度も「花はなんと美しいのだろう」というような感動を味わったことが一度もなかったのだ。そればかりか、「大人たちは、なんでこんなものを見て喜んでいるのだろう」くらいに考えていた。

そんなわたしが、花の美しさに気づいたのは、二〇代の半ばに、結核を患って半年ほど入院していたときのことだ。菌を出しているということで隔離病棟に入れられたわたしは、毎日ベッドの上で、本を読んだり考え事をしたりしながら過ごしていた。隔離病棟のフロアの中は自由に動き回れたが、病棟の外に出ることは、検査のとき以外には厳しく禁じられていた。そんな状況の中で、唯一の慰めは、ときどきお見舞いに来てくれる友人たちの存在だった。あるとき、一人の友人が、お見舞いに花を持ってきてくれた。どんな花だったかはもう忘れてしまったのだが、友人が帰った後、窓際に置かれたその花にふと目をやったとき、わたしは言いようのない感動を覚えた。冬の陽射しの中で、力強く咲くその花の生命力に心を打たれたのだ。「花とは、こんなにも美しかったのか」と、わたしは生まれて初めてそう思った。病気の苦しみの中で、神がわたしの心の目を開いてくれた。そう言ってもいいかもしれない。そのとき以来、わたしは花の美しさに感動し、花たちを通して語りかける神の呼びかけに気づくようになった。

弱さの体験の中で、心の目が開かれるということはあるかもしれない。体に力がみなぎり、「自分の力でどこにでも行けるし、何でもできる」くらいに思っている若いころには、小さなもの、か弱いものの中にある美しさが、どうしても目に留まりにくいように思う。弱さの体験の中で、花たちを生かしている命の偉大さに触れるとき、その命が、すべての被造物を生かし、自分自身も生かしていることに気づくとき、わたしたちは神の愛に触れ、神の愛の中で癒されてゆく。

スズメとの出会い

鳥に関して言えば、わたしはスズメが好きで、時間があるときは半日でも公園の中を歩き回り、スズメの写真を撮っている。だが、これも、初めから好きだったわけではない。わたしの実家は園芸農家だったので、実のなる木や花を咲かせる木が庭にたくさん植えてある。そのため、庭には、スズメを初めとする鳥たちが次々とやって来て、実をついばんだり、花の蜜を吸ったりしている。だが、そのことに気づいたのは、実は大人になってからのことで、子どもの頃には「鳥の声がうるさいなぁ」くらいにしか思っていなかった。

鳥に興味を持ち始めたのは、冬場に公園を散歩していたときのことだ。冬の公園には、餌を求めて山や森から野鳥たちが飛んできている。シベリアや中国大陸から、餌を求めて飛んでくる渡り鳥さえいる。鳥たちが、残り少なくなった木の実を懸命についばんでいる姿を見たとき、わたしはその姿の美しさに感動した。鳥に興味を持つようになってからは、身近なところに意外と珍しい鳥がいることに気づき、そのような鳥を見つけるために公園を歩き回ることが多くなった。そんなある冬の日のことだ。その日は、北風が吹きつけ、ときおりみぞれ混じりの雨が降るような天気だった。ある教会に向かって急いでいたわたしは、普段なら通らない公園の中を通って近道することにした。しばらく歩くと、前方の大きな庭石の上で、何か丸いものがもぞもぞと動き回っているのに気付いた。「一体なんだろう」と思いながら近づくと、それは羽毛をいっぱいに逆立たせて、まん丸になったスズメだった。人間たちが外出を控えるほど寒い冬の日に、スズメたちはこんな姿になって寒さをしのいでいる。神様は、スズメたちにさえこんなすばらしいコートを与えてくださった。そのことに、わたしは本当に感動した。身近なところに、まだまだ知らないことがたくさんある。この世界は、神様の恵みで満ちているとしみじみ感じたのだ。

家に帰ってから調べてみると、そのような状態のスズメのことを「ふくら雀」と呼び、俳句の季語や、家紋のデザインなどにも取り入れられているとのことだった。昔から、日本人は、冬のまん丸なスズメの姿に驚き、親しみを感じてきたのだろう。この体験以来、わたしはすっかりスズメ好きになってしまった。

感動は半径五メートル以内にある

この話には後日譚がある。寒さの中、震える指でシャッターを押して撮影した「ふくら雀」の写真をSNSに投稿したところ、想像をはるかに上回る反響があったのだ。「まさか、スズメがこんな姿になるなんて」「かわいすぎ〜」というようなことで、あっという間に評判になり、ついにはテレビ局から朝の情報番組で紹介させてほしいという話まで来た。これまでに撮った、どんな珍しい鳥の写真よりも、はるかに大きな反響だった。いつも身近なところにおり、よく知っているはずの鳥に、まったく知らない一面があった。その事実が、たくさんの人たちの心に大きな感動を呼んだのだろう。

「感動するために必要なものは、半径五メートル以内にある」と、わたしは思っている。感動が生まれるのは、これまで見たことがないような壮大な風景と出会ったときだけではない。身近なところにあるものの、これまでに気づかなかった美しさや気高さなどに気づいたときにも、感動は生まれる。感動するために、わざわざ遠くまで出かける必要はない。よく見れば、庭に咲いている小さな花や、電線にとまっているスズメ一羽の中にも、感動はあるのだ。感動するために必要なものは、ほとんどの場合、自分が立っている所から半径五メートル以内に見つかる。

それは、言い換えれば、この世界が神の愛で満たされているということでもある。無心になってよく見れば、ありとあらゆる被造物を通して、神はわたしたちに語りかけているのだ。すべての被造物の中に、神の愛が隠されている。それは間違いないことのような気がする。ただ、わたしの目が曇っていて、それが見えていない場合が多いのだ。癒しを求めて遠くまで出かける必要はない。神の愛はいたるところにあり、それに気づきさえすれば、わたしたちは今この場所でも癒されることができるのだ。

二　食事によって癒される

心を満たす食事

日常生活の中での癒しの体験として、やはり食事を外すことができないだろう。走ったり応援したりして、くたくたに疲れた運動会のお昼休みに、お母さんが作ってくれたお弁当を食べたら疲れがどこかに吹き飛んだ。汗を拭きながら山の頂上にたどり着き、背負ってきたお握りを食べたとき、「お握りは、こんなにおいしかったのか」と思って感動した。そんな体験がある人もいるだろう。そういった体験を、「食べ物にこめられた愛に触れ、心が満たされた」という意味で癒しの体験に含めてよいのではないかと思う。食べ物には、それ自体として人の心を癒す力が宿っているのだ。

癒しの力の一つは、作ってくれた人の愛情だ。作ってくれた人が、どれだけ手間暇をかけ、真心を込めて準備してくれたかを思い、感謝しながら食べるとき、わたしたちの心は愛で満たされてゆく。心を満たした愛は、わたしたちが生きてゆくための力となる。料理に込められた一番の栄養は、作ってくれた人の愛情ではないかとさえわたしは思っている。何でも消化できる丈夫な胃腸を持っていたとしても、料理に込められた愛を感じ、吸収できる心がなければ、一番の栄養が無駄になってしまう。感謝して味わうときにこそ料理はわたしたちの心に吸い込まれ、心を愛で満たしてゆくのだ。感謝して味わうことで、食事は、単に栄養を摂取するという体験から、心を満たされる癒しの体験に変わってゆくと言ってもいいだろう。

食事の前に「いただきます」の挨拶をするのは、その意味でとても大切なことだ。料理を作ってくれた人たちへの感謝を込めて、「いただきます」の挨拶をすることによって、わたしたちの心は料理に込められた目に見えない栄養、作ってくれた人たちの愛に向かって開かれてゆく。台所で料理をしてくれた人たちや、食材を育ててくれた農家の皆さん、流通にかかわった皆さんなどの存在を思い起こし、その人たちの愛とつながるための挨拶。それが「いただきます」だと言っていいだろう。

食事に宿っているもう一つの癒しの力、それは神の愛に他ならない。キリスト教徒は、食事の前に必ず神に向かって感謝の祈りを捧げる。どんな食べ物であっても、その中には必ず神の愛が宿っている。そう信じているからだ。人の手をほとんどかけないで調理されたスーパーの総菜のようなものであったとしても、必ずその食べ物の中には神の愛が宿っている。例えば、お米のことを考えてみよう。稲がすくすく育つように太陽を輝かせ、雨を降らせ、災害から守ってくださったのは神だ。農家の皆さんや流通に関わった皆さんの心に愛を宿し、その方々の健康を守ってくださったのも神だ。そもそも、人間が食べられるように、栄養がたっぷりあるお米という食べ物を創造してくださったのが神だ。一粒のお米の中には、創造の神秘の中で、神の愛が確かに刻印されている。稲に命を与えたのは神であり、稲を生かし、米を実らせたのは神なのだ。あらゆる食べ物の中には、神の愛、神の命が宿っている。そのことに気づくとき、わたしたちは食事を通して、全世界を包み込む神の愛と一つに結ばれてゆく。食べ物に込められた命の源にふれ、その命と一つに結ばれて、生きるための力を頂くことができるのだ。その意味では、感謝しながら味わう食事は、一つの祈りと言っていい。食べ物を口に入れてゆっくりと味わい、消化してゆく中で、わたしたちは全身で神の愛と結ばれてゆく。

「いただきます」の挨拶や神への感謝の祈りもそこそこに、テレビ番組などを見ながら食事をしても、体を維持するのに必要な栄養を摂取することはできるだろう。だが、それでは決して心が満たされることがない。心の虚しさを満たすために食べ続ければ、ついつい食べすぎてしまうだろう。ストレスの発散のために、「やけ食い」のようにしておいしい物をたくさん食べても、それだけで心が満たされることはないのだ。逆に、きちんと感謝して食べれば、質素な食事、わずかな食事でも心は満たされる。そこに、食事ということの一つの秘密があるように思う。

聖餐式の体験

食べ物を通して神の愛に触れ、心を愛で満たされる究極の体験は、ミサの中での聖体拝領だろう。食べ物に込められた神の愛に感謝して頂くとき、すべての食事は祈りに変わるが、ミサの中で頂く食べ物は、イエス・キリストの体そのものだ。その中には、全人類を救う神の愛が宿っている。

この御聖体の神秘を子どもたちに説明するとき、わたしはよく、お母さんが作ってくれたお弁当をたとえに使う。お母さんが朝早く起きて、一生懸命に作ってくれたお弁当を食べるときに、コンビニのお弁当を食べるときとは違ったおいしさを感じるという子どもは多い。そのおいしさの秘密は、お弁当にこめられたお母さんの愛情だ。「お母さんが、わたしのことを思って、こんなにおいしいお弁当を作ってくれた」、その思いが、お弁当をさらにおいしいものにする。お母さんに感謝しながらお弁当を食べるとき、お腹がいっぱいになって体に力が戻るだけでなく、わたしたちの心は愛で満たされ、「頑張ろう」という意欲が湧き上がって来る。お母さんが作ってくれたお弁当には、目には見えないもう一つの「栄養」、愛がたっぷり込められているのだ。お弁当は、食べればなくなってしまうが、お弁当に込められたお母さんの愛、わたしたちの心にしっかりと蓄えられたお母さんの愛は、いつまでも消えることがない。何十年たっても心の奥深くにしっかりと残っていて、辛いときには蘇り、わたしたちを励ましてくれる。「あのとき、お母さんがあんなにもわたしを大切にしてくれた。こんなことくらいで、負けるわけにはいかない」という思いが、苦しみの中でわたしたちを支え、生きる力を与えてくれるのだ。お弁当に込められたお母さんの愛は、お弁当を食べてしまった後も残り続け、わたしたちの人生の糧になる。そう言ってもいいだろう。

御聖体についても、同じようなことが言える。見た目はただのパンかもしれないが、御聖体の中には、目には見えないイエス・キリストの愛がいっぱいに詰まっているのだ。イエスがわたしたちをどれだけ愛して下さったか、聖書の中に描かれた数々の奇跡や、十字架と復活に至るイエスの言葉と行いを思い出しながら御聖体を頂くとき、わたしたちの心は神の愛で満たされる。他の食事はすべて被造物だが、イエスの体には神性が宿っている。神の愛を直接口にし、神の愛で心を満たされ、生きるための力を取り戻す聖餐式は、究極の食事であり、究極の祈りだといって間違いないだろう。御聖体は、食べればなくなってしまうが、そこに込められた神の愛は、わたしたちの心に残っていつまでも生き続ける。もし仮に、一生のうちに一度しか御聖体を頂けなくても、その中に込められた愛は、わたしたちの一生を支えてあまりあるほどのものだ。そのような御聖体を毎週、あるいは毎日頂けるということは、どれだけ大きな恵みだろうか。神の愛と直接に触れ、心が愛で満たされる聖餐式は、神の癒しの業の頂点と言っていいだろう。「でも、なんであのパンがイエス様の体なの？」と子どもから質問されたときには、「それは、あの中にイエス様の愛がたっぷりと詰まっているからだよ。イエス様の愛が、あの中に生きているから、御聖体はイエス様の体なんだ」と説明するようにしている。

三　人との出会いの中で癒される

インドでの体験

誰かとの出会いを通して神様の愛に触れ、心が愛で満たされる体験をすることもある。わたしたちは、たくさんの人々との出会いを通しても癒されてゆくのだ。わたしがインドのコルカタにあるマザー・テレサの施設でボランティアをしていた頃、こんなことがあった。マザーが、オーストラリアからやって来たある女性と会ったときのことだ。その女性は、オーストラリアで家族と一緒に農業を営んでいるということだった。ところが、配偶者がアルコール中毒になってしまい、自分に暴力を振るうようになった。「もう生きていても仕方がない」と思うほど追いつめられた彼女は、「死ぬ前に、一度でいいからマザー・テレサに会ってみよう」とインドまでやって来たとのことだった。自分の苦しさを切々と訴える彼女の言葉を、マザーは、彼女の手をしっかり握りしめながら、じっと聞いていた。マザーとの話が終わった彼女は、近くにいたわたしたちボランティアに向かって言った。「これで用事が済んだので、もうオーストラリアに帰ります。死ぬのはやめました。こんなにも、わたしのことを愛してくれる人がいるなら、死ぬのはもったいないですから」。

この出来事があったとき、わたしは、イエスが死者を蘇らせ、再び立ち上がる力を与えたという聖書の物語を思い出した。マザーの中に宿ったイエスの愛が、死さえ考えていた一人の女性を再び立ち上がらせた。そのように思えたからだ。マザーとの出会いの中で、彼女の心は癒された。限られた時間の中で、マザーはいったい、彼女にどうやってイエスの愛を伝えたのだろうか。なぜ彼女は、マザーとの出会いを通して、それほどまでに深くイエスの愛に触れることができたのだろうか。

全身で愛を伝える

ほとんどの場合、マザーは自分から相手に長い話をすることはない。ただ、相手の話にじっと耳を傾け、時折、短い言葉を挟むくらいだ。ほとんど話さないにもかかわらず、マザーは、相手に愛のメッセージをしっかりと伝えた。いったい、どんな方法を使ったのだろうか。身近でマザーを見ていて、わたしは四つのポイントがあることに気づいた。

①笑顔

苦しみを抱えた人たちが、助けを求めてやって来るとき、マザーはどれほど忙しくても、その人を心からの笑顔で迎える。「あなたに会えて、本当にうれしい」という気持ちがあふれ出しているような、心の底からの笑顔だ。わたしが初めてマザーを訪ねたときも、突然押しかけたわたしのためにわざわざ奥から出てきて、「あなたのことを待っていたのよ」と言わんばかりの、本当にうれしそうな笑顔で出迎えてくれた。まるで、久しぶりに帰ってきた孫を出迎えるような、そんな笑顔だった。

「たった一つの笑顔に、どれだけ大きな力があるか、あなたたちはまだ知らないのです」とマザーは言っていた。たった一つの笑顔が、誰かの魂を救う場合すらあるというのだ。マザーの笑顔だけではない。相手の名前さえ憶えていないが、その一つの笑顔が心の奥深くに残っていつまでも忘れられない。ほんの一瞬のことだが、心の奥深くにまで沁みとおり、心を癒してくれた。そんな笑顔と出会った体験が、わたし自身ある。「あなたに会えて本当にうれしい。あなたがどれほど疲れているか、わたしはよくわかっているよ。辛いだろうけれど、どうか頑張って」。そんなメッセージを一瞬のうちに伝えてくれるような笑顔、心に深く焼き付いて一生忘れることができない笑顔、まさに神の愛が宿っているとしか思えないような笑顔が存在するのだ。そのような笑顔と出会うとき、わたしたちは癒されたと感じる。

②輝く目

誰かを出迎えるとき、マザーの目はいつもキラキラと輝いていた。人間の目は、ときどきキラキラ輝くことがある。それは例えば、高価な宝石を目にしたときや、憧れの有名人などと出会った時だ。自分にとって本当に価値のあるものと出会うとき、人間の目はキラキラ輝くようにできているのかもしれない。マザーの目は、目の前にいるのがスラムから運ばれてきたばかりの貧しい人であっても、キラキラと輝いていた。まるで、高価な宝石でも見つめているような眼差しだった。「相手の中にキリストを見なさい」とマザーはいつも言っていたが、マザーは確かに、すべての人の中におられるキリスト、あるいは、宝石よりもはるかに価値のある、その人の命の輝きそのものを見通す目を持っていたに違いないと思う。だからこそ、マザーの目は、いつもキラキラ輝いていたのだ。そんな目でマザーに見つめられると、ドキドキして、つい目を逸らしてしまうくらいだった。そのような眼差しには、愛を伝える力が確かに宿っている。

③聞く態度

どんなに忙しいときでも、マザーは相手の話にしっかりと耳を傾けた。まるで、「あなたのことを隅々まで知りたい」というように、相手の語る言葉を一つの残らずしっかり聞こうとするのだ。黙って相手の話を聞く姿勢は、実はとても多くのことを相手に伝える。こちらが精一杯に苦しみを訴えているのに、もし相手がそわそわと時計に目をやったり、スマホをいじり始めたりすれば、相手は「この人は、わたしに関心がないんだ。わたしなんかどうでもいいんだ」と思うだろう。マザーの場合は、そのまったく逆だった。他のことはすべて脇において、目の前にいるわたしたちの話にしっかり耳を傾けるマザーの姿勢からは、「あなたは、わたしにとって本当に大切な存在です」というメッセージがはっきりと伝わってきた。黙って聞く態度によって、沈黙のうちに相手に語りかける。マザーはそんな人だった。

④手の温もり

苦しみを抱えてやって来た人と話すとき、マザーは必ずと言っていいほど、その人の手を握って話した。小柄な割にとても大きな手から伝わって来る温もりには、無言のうちに相手を安心させる力があったように思う。例えば、インフルエンザなどで高熱を出して唸っているときに、お母さんが手を握ってくれたら、苦しみが少し和らいだ。手術後の痛みの中でもがいているとき、看護師さんが部屋に来てくれたら、看護師さんがいる間だけ痛みが少し和らいだような気がした。そんな体験がある人もいるだろう。人間の温もりには、相手の苦しみを和らげる力があるのだ。本当に苦しいときには、どんな慰めの言葉も素直に耳に入ってこない。だが、手の温もりが伝える愛だけは、心の中にすとんと落ちる。手の温もりには、

「わたしがあなたの側にいる。安心しなさい」というメッセージを伝え、相手の苦しみを癒す力があるのだ。笑顔、眼差し、聞く態度、そして手の温もり。マザーは、まさに全身で愛を語る人だった。

イエス・キリストを出迎える

「たくさんの人がやって来ますが、わたしにとっては、そのとき目の前にいる人がイエス・キリストであり、わたしのすべてなのです」とマザーは言っていた。イエスがもし目の前に現れたら、わたしたちはきっと、満面の笑みを浮かべ、目をキラキラさせて、その話にじっと聞き入るだろう。もし触れられるものならば、その手にも触れたいと願うに違いない。苦しんでいる人が助けを求めてやって来たときに、マザーがとる態度は、まさに目の前に最愛の人が現れたときに人間が取る態度そのものだったのだ。

相手の弱さをあるがままに受け止め、暖かく包み込む心には、確かに神の愛が宿っている。わたしたちは、そのような心を持った人との出会いを通して神の愛に触れ、心を愛で満たされて、再び立ち上がるための力を与えられる。人と人とが出会い、互いをあるがままに受け容れるとき、そこに神の愛が宿る。その愛が、癒しの奇跡を引き起こすと言ってもいいかもしれない。

わたしたちは、誰かから大切にされたとき、はじめて自分は大切な存在なのだと信じることができる。「神の子」として扱われたとき、はじめて自分は「神の子」なのだと信じることができる。そう信じて心を開くとき、「わたしは愛されている、かけがえのない存在なのだ」と確信し、神に感謝の祈りを捧げるとき、わたしたちの心を神の愛が満たす。そのとき、癒しの業が実現すると言ってもいいだろう。福音が宣べ伝えられるところでは、必ず癒しの業が伴うものなのだ。

四 祈りの中で癒される

「年の黙想」の体験

花や鳥、大自然の雄大な景色の中に神の愛を感じながら歩くなら、山歩きも祈りになるだろう。食事も、料理に込められた神の愛に感謝しながら食べるなら、祈りの一つの形でありうる。相手の中にイエス・キリストを見つけ出すなら、病人や高齢者の介護も祈りになるだろう。祈りにはさまざまな形があるが、ここでは、聖書や聖人たちの書き残した書物を広げ、一人で沈黙のうちに神と向かい合う祈りを取り上げたい。

修道者は、年に一度、黙想の家などに出かけて八日間の黙想を行う。わたし自身は、この数年、広島の長束にある黙想の家に行くことが多い。丘の上に建てられた和風建築のその黙想の家には、畳敷きの大きな聖堂がある。その聖堂で、姿勢を正して祈っていると、心が神の愛で満たされてゆくのをはっきりと感じる。天から降り注ぐ神の愛が、心の中に流れ込んですべての疲れを癒し、心を新しい力で満たしてゆく。そのような感覚だ。心に流れ込んでくる神の愛だけを感じながら時間を過ごすこともあれば、聖書の言葉を味わいながら、イエスが自分に向かって語りかけるのを待っていることもある。他のことはすべて忘れて、神だけと向かい合う時間と言ってもいいかもしれない。

一回一時間ほどの祈りを、一日のうちに四、五回繰り返しながら八日間を過ごすと、本当に生まれ変わったような気持ちになる。黙想に行く前は、「なんでこんなに忙しいんだ。どうしてわたしだけこんなに働かなければならないんだ」などと後ろ向きの考えに陥り、暗い顔をしていても、出てくるときには、全身に力がみなぎり、「よし、このまま地の果てまでも出かけて行って福音を伝えるぞ」というような気持になっている。わたしの場合は、そんなことが多い。わたしにとって八日間の黙想は、まさに癒しの時間だ。

レクチオ・ディビナ

黙想の家に行って八日間を過ごすことができなくても、日々の生活の合間に、一〇分、一五分と時間をとって沈黙の祈りをすることもできる。ここでは、聖書ないし聖人たちの著作を開き、その言葉をゆっくり味わうことで神の愛に触れる、レクチオ・ディビナという方法を紹介したい。

レクチオ・ディビナは、教会の中で伝統的に行われている、霊的読書の一つの方法だと考えたらよい。聖書などを読みながら、四段階で祈りを深めてゆく方法で、一二世紀のカルトゥジオ会修道士、グイゴ二世が得た霊的なインスピレーションに端を発するとされている。グイゴ二世自身は、レクチオ・ディビナのことを、「地上から天にかけられている四段階の梯子」と呼んだそうだ。四段階とは次のようなものだ。①レクチオ（読書）、②メディタチオ（黙想）、③オラチオ（祈り）、④コンテンプラチオ（黙想）。これらの段階は厳密に分けられるものではなく、また、行きつ戻りつしながら進んでゆくものであるが、以下、簡単に説明を試みたい。

①レクチオ（読書）

第一段階は、書かれている内容を理解することである。難しい言葉、知らない地名などが出てきたら注解書などを使って調べ、その意味を理解してゆく。福音書を読む場合であれば、二千年前のパレスチナで、イエスが弟子たちに伝えたかったメッセージを理解する。テキストの客観的、歴史的な理解と言ってもいいだろう。

言葉の意味を十分に理解したならば、今度はそれを、自分自身に語りかけられた言葉として心にしみ込ませてゆく。福音書を読む場合であれば、今ここで、イエスが自分に何を語りかけたいのかを思い巡らしてゆく。特に印象に残った言葉があれば、暗唱するまで繰り返し読む。ここまでが、第一段階とされている。

②メディタチオ（黙想）

第二段階では、心にしみ込ませた言葉を、さらに思い巡らしてゆく。いま自分が置かれている具体的な状況の中で、神は自分に、その言葉を通して何を語りかけようとしているのか。これまでに聞いた説教や解説書に書かれていた解釈などはいったん脇に置き、あらゆる先入観を捨て、神からの呼びかけにひたすら耳を傾けながら時間を過ごす。わたしはいま、誰をゆるすべきなのか。どんな執着を捨てるべきなのか。どこで奉仕するべきなのか、自分の置かれた具体的な状況を思い巡らしつつ神に問いかけ、その答えが与えられるのをじっと待つ。

③オラチオ（祈り）

第三段階は、神からの何らかの答えを受けて始まる。神から与えられた具体的なメッセージへの自然な応答として、悔い改めの祈りや感謝の祈り、聖霊の助けを求める祈りなどを唱えるのだ。例えば、具体的に誰かとの和解が必要ならば、「神様、あの人と和解するための勇気と力をお与え下さい」、具体的な使命が示されたならば、「神様、聖霊を送って私を導き、お守りください」などと祈る。

④コンテンプラチオ（黙想）

第四段階では、言葉を離れて、神の愛や神の存在そのものを感じ取る。イエスがいま自分の前にいることを確かに感じ取り、生きているイエスと共にしばらく時間を過ごして、感謝のうちに祈りを閉じてゆく。

『キリストに倣いて』を味わう

カトリック教会の伝統の中で、多くの聖人たちから愛され、読み継がれてきた本に、トマス・ア・ケンピスという修道者が一五世紀に記した『キリストに倣いて』がある。今からちょうど六〇〇年前の一四一八年に刊行が始まったとされる本であり、後輩の修道者たちのために書かれたものではあるが、イエズス会の創立者、聖イグナチオが愛読し、マザー・テレサもたびたび引用していたこの本には、現代を生きるわたしたちにこそ必要な人生の知恵が詰め込まれているとわたしは思っている。ここでは、その中から幾つかの言葉を選び出し、実際に味わってみたい。

「神は、人がどんなに大きな事業をするか、というより、どれほど大きな愛から事を行うかを、よけいに考量されるのである」。

「自分の人生を、意味のあるものにしたい」と考えるとき、「そのためには、何か大きなことを成し遂げて、人から認めてもらう必要がある」とつい考えてしまう。高い地位について活躍し、社会に影響を与える。多くの人から評価される作品を生み出して有名になる。そのようなことをして、はじめて自分の人生は意味あるものになる。それができなければ、自分の人生は無意味だ、というように考えてしまいがちなのだ。

そんなわたしたちに、この言葉は人生の意味とは何かを思い出させてくれる。人間から評価されたところで、それが何だろうか。人間からの評価ほど移ろいやすいものはなく、そのようなものに人生の意味の土台を置くのはあまりにも危うい。人の評価に土台を置けば、去年までは意味のある人生と思えたものが、年が変わるともう無意味に思えてくる。若いころには意味のある人生と思えたものが、歳をとってからはまったく無意味に思えてくる。そんなことになりかねない。永遠に変わらない意味を持つ人生を求めるなら、わたしたちは、人間からどう見られるかより、むしろ神の目にどう映るかを考えるべきだろう。わたしたちの人生の意味は、神のみ旨のままに生き、創造主である神を喜ばせることにこそあるのだ。神は、被造物が、その造られた目的、神から与えられた使命を存分に果たすときに喜ばれる。

美しく彩られた花たちは、自分らしく精一杯に咲くときに神を喜ばせ、この地上に神の愛を実現し、「神の国」を実現するために造られたわたしたち人間は、神を愛し、人を愛するときにこそ神を喜ばせる。わたしたちの人生の意味は、どれだけ大きなことをして人から評価されたかではなく、どれだけ愛したかによって決まると言っていいだろう。「人生を本当に意味のあるものにしたいなら、あなたにとって一番大切なことが何かを忘れるな」と、神はこの言葉を通してわたしたちに呼びかけているのではないだろうか。

「もしあなたが、自分でこうありたいと求めるような者に自分をすることができないならば、どうして他人をあなたの意にかなうようにすることができよう。わたしたちは好んで他人が完全であることを求めるが、自分自身の欠点をただそうとはしない」。

他人を厳しく批判するとき、わたしたちは大抵、自分のことをすっかり棚に上げている。「傲慢」「屈折している」「無神経」など、わたしたちが相手の中に見つけ出す欠点は、ほとんどの場合、程度の問題でわたしたち自身の中にもある。自分のことを棚に上げなければ、人を厳しく裁くことなどできないのだ。

そんなわたしたちに、この言葉は、まず自分自身を振り返るよう語りかけている。自分の欠点さえなくすことができないほど無力なわたしたちが、相手の欠点をなくすことなどできるはずがない。他人の欠点を数え上げ、批判したところで、何も変えることはできないのだ。そんな時間があるならば、自分自身の欠点を振り返り、それを乗り越えるために努力する方がよほど有益だろう。「まず自分の目から丸太を取り除け。そうすれば、はっきり見えるようになって、兄弟の目からおが屑を取り除くことができる」（マタ7・5）というイエスの教えと響き合いながら、神はわたしたちに、この言葉を通して、自分を省みて謙虚になることを求めておられるように思う。

「もしも世に喜びがあるなら、たしかに心の清らかな人こそ、これをもつものである。またもし世に苦難とか悩みとかいうものがあるとしたら、良心のとがめをもつものこそ、いっそうそれを覚えるのだ」。

どれほど大きな成功をおさめ、人から称賛されたとしても、本人の心の中にやましいことがあれば、決して心の底から喜ぶことはできないだろう。たとえ誰も知らなかったとしても、その成功を収めるために切り捨て、踏みにじった人たちへの罪の意識が本人を責め続けるからだ。他人を欺くことはできても、自分自身を欺くことはできない。まして、神を欺くことなどできようはずがない。やましさのまったくない、清らかな心を持たない限り、人は心の底から幸せを感じることができないということを、この言葉はわたしたちに教えてくれる。人が見ているところでだけ、正しく行動すればよいという訳ではない。人の見ていないところでも、自分自身は見ているし、神もすべてをお見通しだ。それでもあえて悪い行いをすれば、それは自分自身への負い目、神への負い目となって、どこまでもわたしたちを追いかけて来る。負い目は心の悩みとなり、心の悩みは生活の乱れを生み、生活の乱れは肉体の病となってわたしたちを苦しめるだろう。もし幸せになりたいなら、良心を裏切るようなことだけは決してするなと、この言葉を通して神はわたしたちに語りかけているように思う。

「愛は重荷を感ぜず、労苦を顧みず、自分の力以上のことを行いたがる。万事に対する能力を持ち、愛さない者ならば力尽きて倒れる場合にも、多くのことを十分成し遂げ、功を奏させる。愛は疲れていても怠らない。苦しめられても窮しはしない。おびやかされても途方にくれない。かえって、勢いのいい焔や燃え盛る松明のように、上へ上へと乗り越え、何のまどいもなく突き徹してゆく」。

人間にとって愛ほど大きな力はないと、この言葉はわたしたちに教えている。誰かを愛している人は、愛する人のためならば、喜んで自分を犠牲にする。自分のためならばできないようなことでも、愛する誰かのためならばできる。それが愛の力というものだ。愛の炎は、周りが反対すればするほど、邪魔すればするほど、激しく燃え上がってゆく。試練が大きくなればなるほど、愛のエネルギーも大きくなってゆく。それが愛の不思議なところだ。この箇所は『キリストに倣いて』における、「愛の讃歌」と言っていいだろう。

マザー・テレサはこの箇所をたびたび引用し、修道女たちに紹介していた。愛こそが何よりも大きな力であり、愛さえあれば乗り越えられない試練など存在しないと、修道女たちに教えたかったからだ。日々の活動に疲れ、「何のためにこんなことをしているのか」とついぼやきたくなるようなときに、この言葉を思い出したい。大切なのは、「何のためにしているか」ということではなく、「誰のためにしているか」ということだ。愛する子どもたちのこと、助けを待っている人たちのことを思えば、わたしたちのために十字架上で死んでゆかれたイエス・キリストのことを思えば、どんな試練も苦しいとは思わなくなるだろう。「愛の力を取り戻しなさい」と、神はこの言葉を通してわたしたちに語りかけているように思う。

終わりに

自然や食べ物、人間、聖書や聖人たちの残した書物などを通して、わたしたちは神の愛に触れ、心を愛で満たされてゆく。これらの他にも、音楽を聴く、スポーツをする、温泉に入るなど、人によってさまざまな癒しの体験があるだろう。どんな場合でも、大切なのは神の愛とつながることではないかとわたしは思う。自然や食べ物、人間、書物などを通して、神の愛の世界とつながるとき、それらの向こう側にある命そのものを感じ取り、命そのものとつながるとき、わたしたちの心は愛の力、命の力で満たされる。それこそが、癒しの体験ではないだろうか。

癒しを求めて、わざわざ遠くまで出かける必要はない。必要なのは、ただ心を研ぎ澄まし、あらゆるものを通して語りかける神の呼びかけに耳を傾けることだ。本稿が、日常生活のあらゆる場面において神の存在を感じ取り、神の愛の世界とつながって生きるためのヒントとなれば幸いである。

※『キリストに倣いて』の引用は、大沢章・呉茂一訳、岩波文庫版より。

ある家族にカウンセリングが与えた癒しの事例

ジェリー・クスマノ

はじめに

癒しは、カウンセリングの効果を表すものとしてしばしばクライアントが使う言葉である。特にこれまで「傷ついて」きた、あるいは何らかの形で自身が「傷ついて」おり、カウンセリングから気付きを得たと感じたクライアントたちが、癒されたと発言することがたびたびある。ＰＴＳＤ（心的外傷後ストレス障害）や児童虐待に苦しんできた人々は、傷が癒されたことに関して自らの体験を語る特に強い傾向がある。

家族カウンセリングのように、クライアントが二人以上いる場合には、癒しという言葉はあまり頻繁に使われないものの、癒しが使われる場合には、その癒しという言葉は、家族内に作られていた障壁が取り除かれること、または弱くなったことを意味していたと思われる。そういう意味で、わたしがここで紹介する事例研究は、この家族における癒しを表している。

本事例は米国で行われ四〇年以上前に終了したものであるため、当該家族のプライバシーを侵害する恐れはほとんどないが、念のためわたしは個人名、地名などの情報を変更した。

背景

本事例は、ニューメキシコ州サンタフェで行われた。サンタフェはやや大きめの都市である。家族カウンセリングは、ヒスパニック、アフリカ系アメリカ人、白人で構成される一〇〇〇人の学生が在籍する共学の公立高校で行われた。同校のレベルはかなり低く、多くの学生が薬物、セックス、非行グループとの問題を抱えていた。わたしと共に、同校に勤務していた女性カウンセラーのシルビアも本事例の共同セラピストを務めた。

家族構成

カウンセリングを受けた家族は、父親、母親、二人の娘で構成されている。父親は、メキシコ生まれのヒスパニックで、幼い頃に米国へ移住した。現在は建設業に従事している。母親は、ニューヨーク生まれの白人女性で、幼少期からサンタフェで暮らしている。父親と母親はともに三七歳で、長女が現在通っている高校を卒業した。長女マリアは一八歳で、母親にとてもよく似ている。次女アンナは七歳で父親似だが、彼女はこの家族カウンセリングでは目立たない存在であった。

カウンセリングの経緯

（1）父親が学校新聞に掲載された家族カウンセリングのお知らせに反応した。父親自身がカウンセラーたちと会うことを求めた。

内省：通常、家族カウンセリングの要請は母親から出てくることが多い。そのため、父親が率先しているという事実は、それ自体が素晴らしいものであり、善意の表れであった。

（2）シルビアとわたしは、父親の都合がつくできるだけ早い時期に面談を行った。父親は、長女マリアとのコミュニケーションがうまくとれないと話した。わたしたちは再度日時を設定し、妻と一緒に来るように頼んだ。妻は働いており、カウンセリングや「そういったこと」には関心がないようだと父親は答えた。とはいえ、妻に来るよう説得してみる、と父親は言った。

内省：シルビアもわたしもこの父親に非常に感銘を受けた。彼は普段の作業着であるブルージーンズとTシャツ姿で参加し、誠実でかなり開放的な人物であるという印象を与えた。さらに、彼の妻は、夫が始めたカウンセリングに協力的ではないものの、それでもなお、次回の予約に妻を連れてくるよう努力すると約束したという事実は、彼が家族を助けたいと願っていることを多く物語っていた。父親はコミュニケーションがうまくいかないことをマリアのせいにせず、むしろ十代の娘とのコミュニケーションをより良いものにする方法を自分自身が学べるよう真剣に助けを求めているようであった。

（3）今回も父親は一人で参加した。約束の時間に正確で、いつも通りの服装であった。娘のマリアがどんなに賢いか、しかし最近になって授業をかなり欠席しているため、成績が下がってきていることについて父親は詳しく話した。わたしたちは注意深く耳を傾けたが、この問題に対処するために彼が取り得る行動を一切提案しなかった。

内省：この父親自身がメキシコからの移民であり、大学に進学できなかったため、賢い娘を大変誇りに思っていることは明らかであり、娘の将来に大きな期待をかけていた。父親は、優れた教育の重要性をはっきりと認識していた。父親は自身の大きな期待のせいで、最近の娘の行動をなおさら心配していた。シルビアとわたしは、当初父親が問題提起したことは、娘とのコミュニケーションがうまく取れないことであり、それが今や娘の問題行動と密接に関連していることを理解した。妻と娘を説得して一緒に来ない限り、あまり助けることができないのも明らかであった。

（4）今回は父親と母親が一緒に参加した。両親はマリアが授業を欠席している理由をさらに明らかにした。マリアは、同じ年のヒスパニックの学生で、学校を辞めたボーイフレンドの家に行っていた。母親はこの少年を全く認めていなかった。しかし、驚いたことに、父親はこの少年に好意的な様子で、少年が復学できるよう、なんとかして力になりたいと語った。マリアのボーイフレンドに対する、父親と母親の意見の隔たりは非常に大きかった。今回もわたしたちは介入を行わなかった。父親がボーイフレンドの復学を助けようとするのを促しもせず、思いとどまらせもしなかった。同様に、母親がボーイフレンドを嫌うことについても一切裁かなかった。今回は、母親が初めてカウンセリングに参加したため、わたしたちが彼女を裁かずに受け入れることができると示すことが重要であった。同時に、今や父親はカウンセリングの過程にしっかりと関わっており、近いうちに介入を受け入れる可能性があることは明らかであった。

内省：今回の相談を振り返って、シルビアとわたしは、強い人種または性別の要素が関係していることを理解し始めた。ヒスパニックの父親は、退学したヒスパニックのボーイフレンドに明らかに親近感を持っていた。父親は、ボーイフレンドが復学して、人生を軌道に乗せられるよう、力になりたいと強く望んでいた。ある種の「男同士の絆」すら作用していたかもしれない。一方で白人の母親は、このボーイフレンドに猛反対していた。しかし母親の懸念は、どちらかというと悪い影響から娘を守ろうとするものに思えた。母親自身は、マリアとのコミュニケーションに対する不安を口にしなかった。

（5）両親の許可を得て、わたしたちと話をしに来るようにマリアを呼んだ。マリアについて両親の話から予想した全くそのとおりの魅力的で、礼儀正しく、賢い少女であった。彼女は学校が退屈で、父親が彼女とボーイフレンドに干渉しすぎであると不満を述べた。父親は彼女にとても厳しかった。帰宅が午後五時を過ぎる予定の場合、事前の許可をもらわなければならなかった。このような厳しい制約は自分の年齢にふさわしいものではないとマリアが感じているのは明らかであった。マリアは母親に対する不満はなかった。

内省：マリアとの面談により、わたしたちはよりよい観点で家族力動を捉えることができた。四回目の面談を終えてすでに推測していた通り、父親とボーイフレンドの「男同士の絆」と並行して、「母と娘」の同盟が確実に存在していた。この精神的な結びつきも、ヒスパニックの父親とボーイフレンド、また白人の母親とそっくりの娘が持つ肉体的、人種的類似点によって、当然無意識に、強化され、表わされていた。

（6）今回の面談には両親とマリアが参加した。わたしたちは今回初めて、父親がマリアの行動を厳しく監視する理由を知った。数か月前、マリアとボーイフレンドが家出をして、車でカリフォルニアへ行き、そこで一週間を過ごした。帰宅後、罰としてマリアは一年間「自由な外出を許されなかった」。これが、父親から事前の許可がなければ午後五時以降に外出できない理由であった。前回行われたマリアとの面談では、この情報は提供されなかった。今回の面談で、シルビアとわたしは初めて介入を行った。父親は、マリアが同席していないかのように、わたしたちにマリアのことを話す癖があった。そこでわたしたちは父親に、マリアについて話すのではなく、マリアに直接話しかけるように求めた。父親はすぐにこの指示を受け入れ、わたしたちが求めたとおりにした。残念なことに、マリアは、コミュニケーションの取り方のこうした変化に一切反応を示さなかった。母親も消極的な傍観者のままであった。

内省：家族カウンセリングの長所は、全員の前に情報をすべてさらけ出すことができることである。本事例では、家族力動に関する全体像を把握するまでに六回の面談が行われた。父親もマリアも、個別面談時には一部始終を語らなかった。両親が一緒の時でさえ、わたしたちに全てを語らなかった。シルビアとわたしは、父親が娘とのコミュニケーションを取る方法を開拓しようと熱心に取り組んでいる姿に改めて非常に感銘を受けた。一方、母親と娘がまだそれに応えようとしていないのは一目瞭然であった。

（7）今回の面談には家族四人全員が参加した。家族のメンバー間に存在する障壁がいっそうはっきりと現れた。母親は、夫が自分に相談もなくすべてを決めてしまい、あまりにも厳しすぎることに不満を述べた。父親は、マリアについて決めることに妻が協力的でないと答えた。シルビアとわたしは、この面談の最中は夫妻の口論を保留することにし、六回目の面談で設けたテーマ、つまり父親とマリアとのコミュニケーションの改善に戻ることにした。わたしたちはロールプレイ（役割演技）を行い、シルビアがマリアの役を、わたしが父親役をした。全員が出席していたため、ただ議論したり、どのようにすべきかを教えたりするのではなく、実演して見せるには最高の機会であった。彼らは大して反応を示さなかったが、コミュニケーションの取り方の違いを目の当たりにすることができたと思う。重要なことは、彼ら全員が良いコミュニケーションの例を一緒に見たので、他のメンバーに教えるためにそれを使えることである。わたしたちは、両親に宿題を出して今回の面談を終えた。両親には感情的葛藤について書かれた本を一緒に読むように求めた。

内省：ロールプレイという可能性は、共同セラピストがいることとの大きな強みである。理論的にそのことをただ聞くよりも、「実演」されたものを見る方が、簡単で強い印象を与える。さらに、ロールプレイの場合は、単なる会話では行わない方法で、カウンセラーを家族システムに組み込む。わたしたちは、最大級の誠実さと変わりたいという意思を示し続ける父親の啓発に注力し続けた。宿題の目的は、じっくり考えるための材料を提供することではなく、むしろひどく弱っていたつながり、いわゆる夫婦の絆を強くすることであった。わたしたちは意図的に共同の課題を出したため、夫婦は課題に取り組むために協力しなければならず、信頼と協力を再構築する一歩を踏み出す助けとなることを願った。

（8）前回同様、家族全員が今回の面談に参加した。わたしたちが課題にした本についてどう思ったか両親に尋ねた時、母親から思いがけない反応があった。母親は、内容はよく理解していないが、本の中で取り上げられた紙袋に関する事例に強い印象を受けたと語った。その関連性とは、彼女は毎日夫のために昼食を用意し、それを紙袋に入れているというものであった。ところが、彼女が紙袋を捨ててきていいよと言っているにも関わらず、夫は必ず紙袋を家に持ち帰っていた。シルビアとわたしはこの発言にどう反応すべきか困ったので、これまで数回の面談でテーマにしてきた家族のコミュニケーションという問題に戻った。わたしたちは、母親を勇気づけることを望み、結局新たな介入を行うことになった。わたしたちが求めたのは、今後一週間、母親が必要な許可をマリアに与えるよう、家庭内の権威枠組を変更すること、そして父親がマリアとコミュニケーションを取る場合は、必ず母親を通すようにすることであった。

内省：今回の介入は危険を伴うものであったが、母親がカウンセリングの過程にますます関わるようになっている様子なので試してみる価値があると思われた。ただし、成功させるには、この時点でわたしたちがかなり信頼している父親の協力が不可欠であった。マリアがこの体制に非常に満足するだろうとわたしたちは予測した。とはいえ少なくとも、この実験が次の面談で経験しうる新たな体験を家族にきっと与えてくれるだろう。母親の紙袋に関する発言にわたしたちがあまり時間を割かなかったのは、今思い返してみると、夫を「けなして」いるかのようなことを話題にすることへの我々の戸惑いが表われていた。

（9）今回、両親とマリアが面談に参加した。母親とマリアは、権限を母親に切り替えるという一週間の実験は非常にうまくいき、家が穏やかであったと報告した。両親は二人の過去の一部について詳細を語った。二人ともマリアが通っている高校の学生だった。彼らは卒業後すぐに結婚した。母親は、両親がこの結婚に反対だったと言い足した。母親がとても幼い頃に、家族でニューヨークからサンタフェに引っ越してきた。

内省：母親とマリアが、一週間にわたる権限者の変更を気に入ったのは当然であった。しかし、父親も家がとても穏やかであったという意見に同意していた。成功した限りでは、この実験は家族に新たな経験をもたらし、それは今後自分たちで築く可能性のあるものであった。シルビアとわたしは実験結果にも満足した。母親と父親がマリアと同じ高校出身であり、卒業後すぐに結婚したこと、またその結婚が母親の両親に反対されていたという事実は、家族力動が皆に示される一一回目の面談での実演で明らかとなる有益な情報であった。

(10) 今回の面談には、家族四人全員が参加した。シルビアとわたしは、マリアに対する厳しい制約を取り除くべきだと提案した。母親はこの提案に進んで賛成した。当初、父親は嫌がっていたが、説得を受けるうちに、制約を取り除くことに同意した。

内省：父親と母親、そしてマリアが自分たちでこの段階まで到達できていたことが良かっただろう。わたしの考えでは、父親が折れて同意したのは、それを正しいことだと考えたからではなく、むしろカウンセラーたちと協力的であり続けることを望んだからなのである。その意味で、今回の介入は到底理想的とはいえない。シルビアとわたしはこのことについて詳しく話し合わなかったが、もしわたしが再びこの件を担当する場合には、わたしは提案もしなければ、提案を受け入れるよう父親を説得しようともしないだろう。

(11) 今回の面談でも、両親はマリアと共に参加した。シルビアとわたしは今回の面談に具体的な案を準備していなかったが、面談の過程で、「褒め言葉ゲーム」をすることになった。このゲームでは、グループの各メンバーが対象になり、他のメンバー全員がそのメンバーの好きなところ、感心しているところ、尊敬しているところについて、褒めるというものである。ゲームを説明した後、まずわたしから他の四人を褒めた。わたしたちは特に順番を設けていなかった。しばらく沈黙した後、シルビアが全員を褒めた。再びしばし沈黙があったが、やっと父親がグループの全員に良いことを言い出した。その後、残る二人のメンバーである母親とマリアが発言しなかったので長い沈黙があった。さらに沈黙が続いた後、母親が泣き出し、それからマリアも泣き始めた。幸い、シルビアもわたしも何が起きているのかを分析しようとしなかった。とはいえ、わたしはシルビアにどう思っているかを尋ねた。彼女は「コミュニケーションが取りづらそうな様子を見て悲しくなります」と答えた。それに応じて、母親は「わたしが先に褒めたら、マリアも褒めなければならなくなります」と言った。つまり母親は、父親に良いことを言わなければならない状況からマリアを守っていたのだ。母親はマリアをそのような立場に置きたくなかった。カウンセリング開始当初から、シルビアとわたしに明らかだったことが、説明や解説の必要なく、今や家族全員の前であらわとなった。つまり、それは父親に対する母と娘の同盟関係であった。わたしたちが円になって座る位置も、実際のところ同じ事を語っていた。つまり父親は他の家族から離れて、わたしとシルビアの間に座っていたのに対し、マリアは母親の隣に座っていた。

内省：簡単で楽しくリラックスした作業であるはずのことが、家族における非言語的で明確な「癒しを必要とする傷」の表出に変化した。根底にある力動は、母親が娘に自分と同じ「過ち」を繰り返して欲しくない、つまり高校卒業後すぐにヒスパニックと結婚して欲しくないことであることが明らかとなった。家族内での機能不全のコミュニケーションは、こうした策略の結果にすぎなかった。

(12) 両親が別れの挨拶に来て、ささやかな贈り物をわたしたちにくれた。彼らと二度と会うことはなかった。

考察

クライアントが一人の場合の個人カウンセリングとは異なり、家族カウンセリングは家族全体をクライアントと考える。家族の誰もが問題となる存在、つまりいわゆる「患者とされた人」(Identified Patient) として選び出されることはなく、むしろ全員が互いにつながっており、問題の一部であると考える。家族は生身の人間（と場合によってはペット）で構成されているため、時には弱くなったりうまく機能しなかったりする生きた組織として捉えることができる。家族カウンセリングがうまくいく場合、この組織が癒され、より強く、うまく機能するようになったと言える場合もある。上述の事例研究で起きたのはこの種の癒しであった。コミュニケーションの新たな手段が設けられ、個人的な先入観と偏見が、罰を与えられることも裁かれることもなく白日の下にさらされたこともなかった。この家族の中で弱くなっていたものが、完全ではないにせよ、ある程度癒されて、少なくとも以前よりもうまく機能することができるようになった。それこそが、肉体的、心的、精神的な癒しに最も当てはまるのだろう。

社会における癒しと福祉

ボネット・ビセンテ

はじめに——「八一歳になって初めて」

八一歳になって、関節の痛みを感じて、生まれて初めて入院して手術を受けました。それをきっかけに、自分の痛みそして人の痛みと、入院患者に対する看護師やその他の病院スタッフの接し方などについて、いろいろと観察して考えるようになりました。

たとえば、同じ病室に入院していた一人の患者は、私と同じ手術を受けたので同じ痛みがあるはずでしたが、携帯で話しているときも見舞いに来る方と喋っているときにも、笑いが絶えませんでした。しかしもう一人の入院患者は、痛みが（痛み止めの薬で抑えて）それほど感じられなかったでしょうが、その表情はいつも暗いような感じがしました。そしてその方の話を聞くと、身寄りがなく、いつ死んでも構わない、と言っていました。

私は、看護師についても、その他の病棟スタッフの方に関しても、批判や不平はひとつもありません。皆がそれぞれの役割を正確にそして丁寧に果たしていました。しかしながら、人によって何かが違っていました。それは、患者として「癒されている」、「癒されていない」ということとかかわっているのかな、と考えました。

また、患者として自分で感じて、観察し、考えていたこと以外、最近いろいろと体験していることもあります。私は医師でもなければ看護師でもありません。そして専門的に介護を必要としている方々とかかわっていることもありません。体験しているのは、入院している同僚の見舞い、その同僚の身内の代理として（特に外国人の場合、身内が日本にいないので）主治医からの病状や手術の説明を聞いたり、手術前後に付き添ったりすることです。また、ボランティアとして、その人たちが退院した後に健康にかかわる必要なケアをし、通院のときに同行することもあります。

思い起こせば、だいぶ前ですが、大学で教えていたときに、社会福祉学科の学生や社会福祉専門学校の学生のために「人間学」という科目を担当していました。また、その他の学生のためにも開講された、「差別と人権」というテーマでセミナーなどを担当したときにも、『現代社会と人権』という書物を編集したときにも、他の先生の協力を得て、「障がい者と人権」という問題を取り扱いました。そして、学生と共にボランティア活動に参加して、目の不自由な方々、発達障害のある子どもたちとかかわりを持つことができました。

以上のような経験が積み重なって、痛み、障害、福祉や癒しについて改めて思いめぐらすようになりました。読者にとって、以下の内省が、自分自身が背負っている痛みや障害、深い苦しみとの和解のため、また、様々な要因によって生きている喜びを味わっていない人々の癒しのために、いくらかでも役に立てばうれしく思います。

痛み、福祉、癒し

痛み

私の大学時代に、常に頭痛に悩まされている先生がいました。今は、効き目のある新しい薬があるかも知れませんがそのときにはまだなかったようです。学生たちの間では、頭のいい先生だという評判でした。しかし、一度も頭痛を体験したことのない私は、今もどのような痛みなのか、なかなか想像もできません。

頭痛だけではありません。今まで出会った人々や今もかかわっている方々には、いろいろな痛みがあります。体を「突き抜けるような」痛みもあれば、心の痛み、深い悲しみもあります。

その方々が訴えているのは、関節や背骨の痛み、帯状疱疹による痛み、胸や胃などの痛みなどです。また、本人が意識して認めている心の病や、大事な人を失った深い悲しみがあれば、本人も何となく気づいているものの認めたくない老化、認知症の始まり、うつ病などの痛みもあります。そして、障害を背負っていること、差別を被っていることも痛みをもたらします。

頭痛の場合と同じく、これらの痛みを体験していない人は、どのように想像し、病の状態を実感して、病んでいる人に手を差し伸べることができるでしょうか。

さらに、入院していた時に思ったことがあります。同病室にいた方は、私と同じ手術を受けていました。同じ手術でしたから、手術後の痛みも同じだろう、と思いがちですが、実際にそうだろうか、と自問してみました。痛みの実感は、それぞれの人によって、その人自身の状況や感じ方によって違うということも不思議ではありません。痛みは同じであるかどうか知るすべもなく、同じような痛みであっても、実際に同じ痛み止めの薬をのんでもその薬の効き目は違う、ということにも気づくことができました。

福祉

だいぶ前に相田みつを美術館に行って、そこで買った『こころの暦　にんげんだもの』という彼の作品集を、私が居住している自分の個室の入り口にかけています。この《暦》というのは、一か月分のもので、一日一日のために違う短い文が書かれています。そこで毎月の六日に私は、「しあわせはいつも自分のこころがきめる」、という相田みつをさんの言葉を読んでいます。

福祉の「福」は幸せ、幸福の意味で、「祉」もさいわい、めぐみ、神（示）が足を止めて人に授ける福の意であるそうです。

ちなみに、社会福祉、公共の福祉や福祉国家という言葉がありますが、ひとり歩きしているような気もします。日本国憲法の第三章には、「国民の権利及び義務」が定められています。他の国の憲法を調べているわけではありませんが、あくまでもここで定められているのは、日本に住むすべての人間にかかわることではなく、日本国民（「日本国民たる要件は、法律でこれを定める」）の権利と義務だけです。その中の第一三条には、すべて国民は、個人として尊重されることと、生命、自由及び幸福追求に対する権利がある、と言われていますが、その権利があるのは、公共の福祉に反しない限りです。また、その前の第一二条に、国民は、憲法によって保障される自由及び権利を「濫用してはならないのであつて、常に公共の福祉のためにこれを利用する責任を負ふ」、とあります。第一三条にも同じく、「何人も、公共の福祉に反しない限り、居住、移転及び職業選択の自由を有する」、と定められています。そして第二五条にやっと、国家の義務のような定めがあって、国民に健康で文化的な最低限度の生活を営む権利があることと、国がすべての生活の部面について、社会福祉、社会保障及び公衆衛生の向上及び増進に努めなければならない、とあります。

以上の憲法の定めに関していろいろ疑問を感じるのは私だけでしょうか。たとえば、国民には幸福、しあわせ（福祉）を得る権利があるのではなく、幸福追求に対する権利です。また、その他の権利もありますが、すべては公共の福祉に反しないかぎりで、この公共の福祉というのは定かではないと思えるのです。

さて、確かに幸せであるように見える、あるいは幸せであるはずだと思われる人でも、自分として幸せを実感していない人はいるようです。仕事に関して満足せず、転職を繰り返したり、連れ合いや子どもたちについての不平ばかり言う人がいます。また、ほとんどいつも不機嫌であったり、あるいは自分が世界一不幸な人であるかのように、自分の病気や置かれている悪い状況について嘆いてばかりいる人に出会うこともあります。

それとは逆に、自分が同じような状態になったとき、我慢できるかな、と思ってしまう人でありながら、喜びを伝えてくれる、居心地のよい場を提供してくれる人もいます。私は、カンボジアの非常に貧しくて、また障害を背負っている人々の支援活動をしているNGOのメンバーと一緒に、毎年、カンボジア・スタディ・ツアーに参加しています。そのツアーで、ポルポト時代のジェノサイド博物館や多くの人々の殺害現場であったキリング・フィールドを見学します。しかしその後に欠かせないのは、支援先のひとつのプロジェクトで、プノンペンにある「子どもの家」の訪問です。その家で共に暮らしているのは、目や耳の不自由な子、またその他の障害を背負っている子どもたちです。しかしそういう状態であるにもかかわらず、彼らは非常に生き生きとし、人なつっこくて明るく助け合いながら生活しています。ジェノサイドの爪痕を訪れた後ということもあって、参加者にとって癒される訪問になります。

これらのことを考えると、幸福、しあわせを実感するのは、人によって違う、相田みつをさんが言うように、「しあわせはいつも自分のこころがきめる」、あるいは「神が足を止めて人に授ける福」を受け入れるかどうかという、人の心によるということにも一理ある、と納得できそうです。しかし同時に、人が置かれている状況によって、自分がしあわせであることを決めるのは非常に難しく、不可能とも言えることは否めない事実です。極度の貧困状態での生活を強いられている場合、戦争や紛争に巻き込まれているとき、あるいはそれによって自分の故郷や国を離れて移民、避難民にならざるを得ないとき、奴隷であるかのような労働条件で働かされて、その状態から逃げられない場合、差別を被っているとき等々、すなわち人間にふさわしくない状況、人間として認められていない状況にあるときには、人間が幸せであることを選ぶ可能性まで奪われてしまっている、と言わざるを得ません。

癒し

癒すというのは、病気や傷などを治す、また肉体的・精神的苦痛を解消させることである、とあります。そして、渇（かつ、かわき）を癒す（長年の望みをかなえて満足する意）の意味もあり、心のしこりを抜きとる、という意味もあるそうです。

聖書という書物はけっこう長いものですし、特に旧約聖書と呼ばれている部分（ちなみに、一番長い部分ですが）には、おもしろい話もありますが、難しくて、解説なしではわからない、納得いかないところがたくさんあります。しかし、後の部分である新約聖書には、わかりにくいところもあるようですが、私たちに非常に考えさせる文章もあります。それは、特に福音書と呼ばれるところにある、と私は思っています。

福音書とは、イエス・キリストの話と生き方、行いの記録のようなものです。彼の弟子であった四人の方は、自分たちが直接に聞き、または見たこと、あるいは他の弟子から聞いた、彼らの間に伝わっていたことを、彼が死刑にされた四〇年ぐらい後に書き残したようです。言うまでもなく、だいぶ時間がたってから、しかも自分たちそして他の人々の記憶をたどって書かれたものですから、共通点がたくさんある一方、違うところやそれぞれの独特の表現もあります。そういうことから、私は記録のようなものだというわけです。

私は、その福音書には、癒しにかかわる場面や出来事、癒しについて考えるためにたくさんのヒントがあると思っているので、ここでその話と大事なポイントを紹介することにします。

ルカという弟子が書き残した、ルカによる福音書と呼ばれている文書には、次の話があります（ルカ10・20—37）。

あるときに、ユダヤ教の専門家であったはずの律法学者の一人は、永遠の命、すなわち本物の幸福を得るにはどうすればよいかを、イエスに尋ねました。するとイエスは、直接に答えないで、ユダヤ教の律法には何と書いてあるか、それをどう読んでいるかを、逆にその専門家に聞き返しました。専門家は、暗記していた律法の言葉、「心を尽くし、精神を尽くし、力を尽くし、思いを尽くして、あなたの神である主を愛しなさい、また、隣人を自分のように愛しなさい」と答えたので、イエスは彼の答えを誉めて、何をすべきか十分に分かっているのだから、その言葉に従って生きるように勧めました。

それでこの話が終わるかと思ったら、専門家は、律法の言葉を知っていても、その中身の意味が分からないと言わんとして、「わたしの隣人とはだれですか」、とさらに質問しました。イエスはまた、理論的あるいは抽象的には答えないで、次の物語を話しました。

ある人が、ユダヤ人にとって聖なる都であったエルサレムから、二〇キロメートルぐらい離れているエリコという町に下って行く途中、追いはぎに襲われました。実際に、当時この道は危なくて、そのような事件はまれではなかったようですが、追いはぎはその人の服や持ち物をすべて奪っただけではなく、殴りつけ、半殺しにしてしまいました。追いはぎが立ち去った後、まず一人の祭司、そしてその後に、一人のレビ人が、たまたま同じ道を下ってきました。この二人は、それぞれ違う聖なる務めですが、二人ともユダヤ教の神殿に仕える人で、「良い人」という評判であったはずでありながらも、倒れていた人を見て、何もせずに道の向こう側を通っていってしまいました。それは、ユダヤ教では、血に触ると汚れることになり、神殿に仕える者は汚れてはならないからであったかも知れません。ところで、この二人の後に、一人のサマリア人が同じところに来ました。ユダヤ人にとってサマリア人は、異端者であり、その人たちとかかわってはならない「悪い人」でした。しかし、近づいてきたこのサマリア人は、倒れていた人を「見て、憐れに思い、近寄って傷に油とぶどう酒を注ぎ、包帯をして、自分のろばに乗せ、宿屋に連れて行って介抱した」。そして宿屋の主人にお金を渡して、けが人の介抱を頼みました。

イエスは、以上の話をしてから、あの律法の専門家に、「あなたはこの三人の中で、だれが追いはぎに襲われた人の隣人になったと思うか」、と聞きました。すると専門家は予測通り、「その人を助けた人です」、と答えたので、イエスは、「行って、あなたも同じようにしなさい」、と最後に勧めたのです。

私は、この物語に本当の「癒し」について、数多くのヒントがあると思います。
＊まず、宗教による「決まり」は、癒す行為の妨げになり得るのです。しかし妨げになり得るのは、それだけではありません。この物語には表れていませんが、現実を見ると、差別や先入観（倒れている人は外国人だから）、人の目（目立ちたくないから）、面倒なことになるのでかかわりたくないから、あるいは警察に任せるべきであるからなど、いろいろな考えが、実際に癒しの行動を妨げているようです。
＊それに対して、この物語に登場するサマリア人は、倒れている人が自分と同じくサマリア人か、それとも自分たちを批判し、排除しているユダヤ人かなどはまったく考えませんでした。彼にとって、助けを必要としている一人の人間であることは、十分な動機であったようです。
＊これが、この物語の最も大切な、「憐れに思い」という言葉で表されています。聖書

の「憐れに思い」、あるいは「憐れみ深く」という表現は、ヘブライ語の「ラハミム」という言葉の日本語訳です。そしてこの「ラハミム」というのは、考えるより先に人間の内臓（はらわた）が動いて、助けを必要とする人に癒しをほどこそうとする行為を引き起こす、という意味です。

数年前に、次のような事件が報道されました。ある女性が、めまいを起こして駅のホームから線路に転落し、意識を失ったまま、その腕や足がレールの上にありました。そして電車がはいってくるというアナウンスがあったので、一人の若い男性が、線路に飛び降りて、急いで彼女の足と腕をレールにかからないようにし、自分も電車にひかれないようにホームの下にあった隙間に逃れました。幸いにして二人とも無事でした。その後、テレビのインタビューで、「どうしてそんなことが出来ましたか」、と彼は聞かれました。そして彼は、「夢中になって……」、と答えたのです。

この表現は確かに他の場合にも、たとえば、夢中になって研究する、あるいは夢中になってスポーツするといった感覚で使えますが、線路に飛び降りた人は、何も考えずに内臓が動いたという意味で使ったのではないか、と思います。

「ラハミム」、「憐れに思い」という言葉の深い意味を、さらに実感することができるために、もう一つヒントとなることがあります。それは、「ラハミム」と同じ語源である「レヘム」という言葉にあります。「レヘム」は、母親の胎内、ふところです。ヘブライ人が「ラハミム」で表そうとする情愛は、胎内にいる我が子に対する母親の優しさにその根源があり、直ちに行動を引き起こさせるものです。

＊　相手は「隣人である」かどうかということではなく、自分の方からその相手の「隣人になる」かどうかということも、癒すための大事なヒントになります。律法の専門家は、律法に記されている「隣人を自分のように愛しなさい」、を引用して、自分の隣人が誰であるかをイエスに尋ねました。しかしイエスは直接に答えず、あの物語をつくって、最後に、追いはぎに襲われた人の隣人になったのは誰かを、逆に専門家に聞いたのです。問われるのは、私であり、私が、癒しをほどこす隣人になるかどうかということになります。

＊　癒すことができるためには、見るだけでは足りません。それだけだと、あの祭司とレビ人のように、いろいろな妨げが働き、道の向こう側を通って行くことになりかねません。癒しを必要とする人に「近寄る」ことが不可欠です。言うまでもありませんが、物理的に近寄ることによって、共感する、人間的に近寄ることになるからです。

＊　物語のサマリア人は、追いはぎに襲われ、半殺しにされた人に包帯をしてから、自分

のろばに乗せたと記されています。相手の方が傷ついているから、これは私たちにとって当然のことと思われますが、当時の文化としてはあり得ないことだったようです。ろばに乗るのは主人で、ろばを引っ張るのは僕ということでしたが、このサマリア人はそれを逆にしてしまいます。ちなみに、私はこのような態度が、癒しの行為だけではなく、貧しい人、障がい者への援助やＮＧＯの支援活動においても、非常に大切な態度だと思っています。「主人」はいつも、弱い立場に置かれている人であって、支援する方は、上からではなく、その僕であるような心で行動すべきです。

聖書の福音書に、イエスは、身体的あるいは精神的に病んでいる人々を癒したと言われる場面がたくさんあります。目の不自由な人、耳が不自由で話すことのできない人、重い皮膚病や、その他の身体的と思われる病気を背負っていた人々がいました。また、大事な身内を失ったことや、その他にも心の病に悩まされていた人も登場しています。福音書に書いてある通りに、イエスが、奇跡的な行為をもって、実際にこの人々を癒したかどうか、それを信じるか信じないのかということは、ここでの課題ではありません。奇跡のようなイエスの行いを信じなくても、それらの場面に現れている癒しにかかわるヒントを参考にしたいと思います。

＊　相手が意思表示できる状態の場合に、癒しを押し付けるのではなく、まず相手に、何をしてほしいか、あるいは治りたいかを聞きます（たとえば、ルカ18・35―43、あるいはヨハ5・1―18）。

＊　癒しの行為に妨げになり得る、宗教による決まりあるいは社会的な偏見、差別に、イエスは屈しません。たとえば、癒すために、そのような行為をしてはならない安息日が終わるまで待てばよいと言われても、待てない、病んでいる人を待たせないのです。「他人の痛みなら百年でも我慢できる」ということにはなりません。なぜなら、人の痛みは自分自身の痛みであるからです（たとえば、ルカ6・6―11、あるいは13・10―17、または14・1―6）。

＊　また、人々を分け隔てることなく、ユダヤ人であれ、サマリア人あるいは異邦人と呼ばれた外国人であれ、癒します（たとえば、ルカ7・1―10、あるいは17・11―19）。

＊　病んでいる人に近寄ります。彼の弟子たち、あるいは彼についていた人々が、その人は邪魔であると思って排除しようとしても、彼はその人に声をかけ、触れたり、手を取ったり、引き起こしたりして癒します（たとえば、ルカ18・35―43）。

＊　また、その人に触れたら「汚れてしまう」、という社会的風潮あるいは宗教的な決まりがあっても、癒す行為を実行するのです（たとえば、ルカ5・12―16）。

時代も置かれた状況も違いますが、癒しを妨げ得る社会的風潮や宗教による決まり、先入観や偏見、差別などは今もあります。また、癒しを必要とする人に対する態度、癒し方などについての以上のようなヒントは今も参考になるでしょう。

社会における福祉と癒し

「国連人間開発計画」（UNDP）という国連の機関は、毎年「人間開発報告書」を発表します。ちなみに、私はこの報告書の題名の日本語訳が好きではありません。原文は、“Human Development Report”となっていて、その内容を見ても、人間の開発ではなく、人間的な開発、あるいは人間を中心とした開発報告書という意味だと思います。

この報告書のメインテーマは毎年違います。たとえば、「人権と人間開発」、「障壁を乗り越えて――人の移動と開発」、「国家の真の豊かさ――人間開発への道筋」、「持続可能性と公平性――より良い未来をすべての人に」などです。しかし、人間的開発にかかわる「人間開発指標」は、一九九〇年に始まって以来、毎年最新のものにして発表されています。

第一の指標は、「人間開発指数とその構成要素」です。人間開発指数（Human Development Index）は、三つの構成要素に関するデータ、すなわち出生時平均余命によって測定された寿命、成人識字率と全教育レベルでの就学率による教育達成度、そして一人当たりの実質GDPによって計る生活水準で算定されています。その算定の仕方も細かく説明されていますが、ここでは省略します。

言うまでもなくデータはデータに過ぎません。社会における福祉、人々の幸せを考えると、たとえば寿命が長ければ長い方が良いか、それとも生きている間に認められ、大事にされているということが本人の幸せか、ということです。九〇歳になった人々が、国のある大臣に、「いったいいつまで生きるつもりなのか」、と公に言われて喜ぶでしょうか。教育に関しても、その内容ややり方はデータに表れてこないし、それが人々の真の幸せのためになるかどうかの判断はまたいろいろあるでしょう。そして、生活水準に関して、一人当たりの実質GDPは、人々の間の格差について何も教えてくれません。

それでも、気になることがあるかも知れませんので、日本のことを中心に少しだけそのデータを紹介します。最新のものとして二〇一六年に国連開発計画から発表された人間開発指数によると、日本は世界の国々のランキングの中で、第一七位になっていて、その指数は〇・九〇三です。トップ(一に最も近い国)になっているノルウェーの指数は、〇・九四九で、最も低い、世界の一八八番目になる中央アフリカ共和国の指数は、〇・三五二です。そして、世界全体の指数は、〇・七一七になっています。

このようなデータについての解釈はいろいろあるでしょう。意味がない、あるいはまったく現実に合わない、という人がいれば、自国の人間的開発に関して、そう思われる、あるいは言われていることは見なおすためになると思う人もいるでしょう。

なお、この公のデータと対比する、あるいは釣り合いをとるためか、数年前から、国連人間開発報告書にはもう一つの指標、「補足指標：幸福の認識」というものが新しく加えられました。この指標の構成要素は、三つのグループに分けられています。それは、教育の質、医療の質、生活水準、仕事、安全性、選択の自由への満足度と総合生活満足度の指数からなる「個人的な幸福の認識」、地域労働市場への満足度、ボランティア活動への奉仕とコミュニティへの満足からなる「コミュニティに関する認識」、そして司法制度への信頼度、自国の環境を守るための取り組みへの満足度と中央政府に対する信頼度からなる「政府に関する認識」です。この指標のそれぞれの要素に関して示されている数値は、ギャラップ世界世論調査（Gallup World Poll）に対する人々の回答の平均値です。

これらの要素に関する人々の回答をすべて含めた、全体的な「幸福認識度」の数値も、それによる各国の世界ランキングもありません。ご参考までに、二〇一六年の日本のデータを紹介します。

教育の質に満足しているのは、六〇％でした。医療の質に七一％。生活水準に六一％。仕事に満足しているのは、六九％になっていますが、このアンケートの対象になっているのは、就職している人々です。選択の自由に関する回答は男女に分かれていて、不思議に思われるかもしれませんが、満足している女性の方は、七九％で、男性の七五％を上回っています。総合生活満足度についてのアンケートの質問は、次のように説明されていました。「下から順にゼロから十までのステップのあるはしごを想像して、はしごの最上段は、自分にとって最も可能性に満ちた人生を、はしごの最下段は最悪の可能性の人生を表わす」、とあって、日本の場合の回答は、五・九でした。後の質問に対するものはまたパーセンテージで表わされて、地域労働市場に関する満足度は、三〇％、この一か月の間にボランティア活動に奉仕したかという質問に「はい」、と答えた人は、二六％、コミュニティに満足しているのは、八二％でした。そして、司法制度を信頼しているのは、六四％で、環境を守るための自国の取り組みに満足しているのは、五一％であり、中央政府を信頼しているのは、三八％に過ぎませんでした。

以上のデータを考察すると、日本社会における福祉のレベルも、個人としての幸福の認識、満足度も、決して安心できるレベルには至っていない、と言えるのではないでしょうか。それはどうしてか、と私なりに考えたいと思います。

第二次世界大戦が終わって、同じような大惨事が二度と起こらないように、当時国連に加盟していた国々は、長い起草過程をたどって一九四八年に「世界人権宣言」を採択しました。しかしこれは、国際関係のためのとても大切な一歩であったにもかかわらず、「宣言」だけであって、加盟国に対する拘束力はありませんでした。それで、宣言が具体化され、人権が実際に守られるよう、国際法によって拘束力のある多くの規約、条約や議定書などが採択されてきました。それはたとえば、「人種差別撤廃条約」、「市民的及び政治的権利に関する国際規約」、「女性差別撤廃条約」、「子どもの権利条約」や「死刑廃止議定書」などです。

日本政府は、締約したそれぞれの国際条約や規約などの履行について、該当する国連委員会に、定期的に報告しなければなりません。そしてその委員会は、政府からの報告、国連に認められたＮＧＯの報告と、委員の質問に対する政府代表者の回答を検討して、肯定的側面、主要な懸念事項と勧告からなる総括所見を発表します。

この総括所見によって、自国が批判されていると、勘違いしてしまう人々がいます。しかし実際に、人々の側に立って、人々、女性や子どもたちなどの権利を十分に守っていない、日本国憲法の第二五条でも唱えられている人々の社会福祉の向上及び増進に十分に努めていない政府に対して勧告しています。

私たちは知らない、あるいは気がついていないこともあるでしょうが、「市民的及び政治的権利に関する国際規約」の履行について、日本政府が六回目に国連の自由権規約委員会に提出した報告に対して、委員会が二〇一四年の八月に採択した総括所見の主なポイントを紹介したいと思います。それによって、日本社会における福祉の欠如にかかわるいくつかの観点が見えてくるでしょう。

①日本政府は、第四回（一九九八年）、第五回（二〇〇八年）の報告に対して、委員会が採択した多くの勧告を実施していません。その時のものも含めて、今回の勧告を実施すべきです。

つまり、日本政府が、十分に時間があったにもかかわらず、人々の福祉のために国連の自由権規約委員会に課された『宿題』をしてこなかったということです。

②日本政府は、前にもされた勧告に従って、「規約の適用と解釈を、下級審を含むすべての審級において、弁護士、裁判官及び検察官に対する専門的訓練の中に」組み入れるべきです。また、規約の下で保護される権利の侵害に対して、被害回復のための効果的な手段をも確保すべきです。

私は、弁護士、裁判官と検察官だけではなく、警察官やその他の国家公務員と地方公務員が、規約とその下で守られなければならない人々のすべての権利について勉強すべきであると思います。これは、日本国憲法の第一五条で、公務員について唱えられていることの精神にも沿うことです。

③日本政府は、前回の勧告を想起して、人権に関する幅広い権限を持ち、政府から独立した国内人権機関を設立し、それに対して十分な財政的及び人的資源を提供すべきです。

明らかなことですが、政府から独立したそのような機関がない現在の状態では、個人が、警察や政府関係者によって人権侵害を被った場合、訴えても、その訴えが公平に受けとめられず、判断されない恐れが十分にあります。

④ジェンダー平等に関して日本政府は、家庭内及び社会における女性と男性の役割についての固定観念が、法の下の平等に対する女性の権利を侵害していることを正当化するために利用されないようにして、これに従って緊急に民法を改正すべきです。また公的な部門における女性の参画を増加させ、部落の女性を含む、マイノリティの女性の政治的参加を評価し支援するための具体的な措置をとり、女性をフルタイムの労働者として採用することを促進し、かつ男女の賃金格差を解消する努力をすべきです。そして、セクシャル・ハラスメントを刑事犯罪とし、妊娠・出産に基づく不公正な取り扱いを禁止し、適切な罰則をもって制裁を科すよう、必要な立法措置を講じるべきです。

⑤前回の勧告にあるとおり日本政府は、強姦やその他の性犯罪について、告訴がなくても起訴すること、性的行為同意年齢を引き上げること、強姦罪の構成要件を見直すことなど、具体的な行動をとるべきです。そして、同性カップルも含めて、ドメスティック・バイオレ

ンスのすべての告知について捜査され、加害者が訴追され、有罪の場合には適正な制裁で処罰されること、被害者が緊急保護されることにすべきです。また、移住女性が性暴力の被害者である場合、在留資格を失うことを防ぎ、十分な保護を受け得るようにすべきです。

⑥日本政府は、性的指向及び同一性を含む、あらゆる理由による差別を禁止する包括的な反差別法を採択すべきです。レズビアン、ゲイ、バイセクシュアル及びトランスジェンダーの人々に対する固定観念や偏見と闘うために意識啓発活動を強化すべきです。また、自治体レベルで公的に運営されている住宅サービスに関して、同性カップルに対して資格基準に残されている制限を取り除くべきです。

⑦日本政府は、ヘイトスピーチ及び人種差別、敵意又は暴力を扇動する人種的な優越性又は憎悪を唱道するあらゆる宣伝、その宣伝を広めるためのデモを禁止すべきです。また、裁判官、検察官及び警察官にヘイトクライムや人種差別に基づく犯罪を発見することができるよう研修させるべきです。そして、人種差別主義者による攻撃を防止し、加害者が適切な制裁をもって処罰されるためのあらゆる措置をとるべきです。

⑧死刑について日本政府は次のことをすべきです。まず死刑を最も重大な犯罪に限ること。死刑の廃止を十分に考慮して、廃止を目指して、規約の第二選択議定書への加入を検討すること。死刑確定者の収容体制が残虐な、非人道的なもしくは品位を傷つける取り扱いや刑罰

にならないようにすること。死刑確定者とその家族に死刑執行予定の日時を余裕をもって告知すること。確定者に対して、最大限の例外的な事情で、厳格に制限された期間以外に独居拘禁を課さないこと。そして、その精神上の健康に関する独立した審査制度を設けること。また、弁護士側に検察側資料への全面的なアクセスを保障し、拷問または不当な取り扱いによって得られた自白が証拠として用いられないように確保すること。前回の勧告にあったように、再審査を義務的かつ実効性のあるものとし、再審または恩赦の申請に執行停止効力を持たせて、死刑確定者と弁護士との間における再審請求に関する面会の厳格な秘密性を保障すること。

⑨性奴隷的な行為としての「慰安婦」に関して日本政府は、即時かつ効果的な立法的及び行政的な措置をとって、次の事項を確保すべきです。戦時中、日本軍が犯した性奴隷的行為またはその他の人権侵害に対する訴えは、効果的かつ独立して、公正に捜査され、加害行為者は訴追され、有罪の場合には処罰されること。被害者とその家族の司法へのアクセスと被害回復。利用可能な全証拠の開示。教科書における十分な記述を含む、この問題について、生徒・学生及び一般市民の教育。公式な謝罪を表明することと日本の責任の公的な承認。そして、被害者を侮辱し、または事件を否定する試みの糾弾。

⑩人身取引に関して日本政府は、前回の勧告に従って次の行動をとるべきです。特に強制

労働の被害者について、被害者認定手続きを向上させ、労働基準監督官を含むすべての法執行者に専門的な訓練を提供すること。加害行為者を精力的に捜査し、訴追して、有罪の場合には、行為の重大さに見合う刑罰を科すこと。そして、通訳サービスと、損害賠償請求のための法的支援を含めて、現行の被害者保護の措置を向上させること。

⑪技能実習生制度について日本政府は、前回の勧告に従って、低賃金労働力の雇入れではなく、現在の制度を能力開発に焦点を当てた制度に置き代えることを真剣に検討すべきです。他方、事業場への立入調査の回数を増やし、独立した苦情申立制度を設立し、労働者の人身売買とその他の労働法違反事案を効果的に調査して、起訴し、制裁を科すべきです。

⑫強制入院に関して日本政府は次の行動をとるべきです。精神障がい者に対して、地域に基盤のあるサービスを増やすこと。強制入院は、最後の手段とし、必要最小限の期間に限って、かつ、本人を危害から守り、他者を害することを防止する目的のために行われることを確保すること。精神障がい者の施設に対して、虐待を効果的に審査し、制裁を科し、被害者とその家族に対して賠償を提供する目的で、効果的かつ独立した監視及び報告体制を確保すること。

⑬日本政府は、代替収容制度（代用監獄）を廃止するためのあらゆる手段を講じなければなりません。そして強制された自白を防ぐため、すべての被疑者が身体の拘束の瞬間から弁

護人の援助を受ける権利を保障し、弁護人が取り調べに立ち会うこと、そして尋問の方法、尋問継続時間の厳格なタイムリミットと完全なビデオ録画を定める立法措置がされなければなりません。さらに、都道府県公安委員会から独立し、かつ、取り調べ中に行われた拷問や不当な取り扱いの申し立てについて、迅速、不偏公平で効果的に調査する権限を持つ不服審査のメカニズムを保障すべきです。

⑭難民申請者及び非正規滞在者の退去強制と収容について、日本政府は次の行動をとるべきです。退去強制手続きにおいて、外国人が不当な取り扱いを受けないことを保障するためのあらゆる措置を講じること。国際的な庇護を求めている人々が、庇護の認定に関する公正な手続きへのアクセスを与えられ、かつ、難民不認定処分に対して執行停止効力のある独立した異議申立て手続きにアクセスが与えられることを確保すること。そして、収容は最も短い期間内に行われ、行政収容以外の既存の代替措置が適正に考慮された場合にのみ行われること。ならびに、移住者が裁判所に対して訴えを提起し、自らの収容の合法性について審査を求めることができるための手段を講ずること。

⑮ムスリムに対する監視に関して、日本政府は次の行動をとるべきです。法執行官に対して、異文化の理解、そして執行官のムスリムに対して、人種に基づく人物特定の非許容性について、研修すること。濫用があった場合、被害を受けた人々が効果的な救済手続きを与え

られるようにすること。

⑯委員会は、前回の勧告を想起し、「公共の福祉」を理由とする、思想、良心、宗教または表現の自由を享受する権利に対して、いかなる制限をも課すことを差し控えるよう、強く求めます。

⑰日本政府は、特定秘密保護法とその運用が、規約第一九条の厳格な要件に合致するため、次のことを保障すべきです。秘密にされ得る情報のカテゴリーが狭く定義されること。情報を求め、受け、及び伝える権利に対する制約も、国家安全保障に対する脅威を防止するためのものであって、法定性、比例性及び必要性の原則に合致するものであること。そして何人も、国家安全保障を害することのない正当な公共の利益にかなう情報を拡散・頒布したことで罰せられないこと。

⑱日本政府は、福島原発災害によって影響を受けた人々の生命・生活を保護するために必要な措置を講じて、放射線のレベルが住民にリスクをもたらさない場合に限って、汚染区域として指定されていた区域の指定を解除すべきです。また、放射線量のレベルを監視して、この情報を原発災害の影響を受けている人々に開示すべきです。

⑲日本政府は、あらゆる場面において、体罰を止めさせるため実際的な措置をとり、体罰に代わるものとして非暴力的な形態の懲戒を奨励して、体罰の有害な効果について、認識を

向上させるようにすべきです。

⑳日本政府は、アイヌ、琉球・沖縄の先住民のコミュニティの伝統的な土地や天然資源に対する権利を保障し、これらの人々に影響を及ぼす政策につき、自由かつ事前に情報が与えられた上で参画する権利を尊重し、またその子どもたちのために自らの言語による教育を促進するため、さらなる措置を取るべきです。

以上、社会における福祉が実際に実現できるため、国連の自由権規約委員会が日本政府に対して出した勧告です。これ以外に、社会権規約委員会、子どもや女性の権利にかかわるそれぞれの委員会からも勧告が出されています。重なっている事項もありますが、それぞれに特定のものもあって、私は、社会における福祉についての政府の「宿題」としてはもちろんのことですが、社会の一員として、一人ひとりのその意識を深めるためにも大きな助けになると思います。

先に紹介した「人間開発報告書」の初刊、一九九〇年のものは、「人々はまさに国家の宝です」という一文で始まっています。国家の宝であるその人々が、一人の例外もなく、長生きし、健康に暮らせ、さらには創造的な人生を送ることができるような環境をつくることは、政府、国家と地方公務員の第一の役目です（日本国憲法、第一三条、第一五条、第二五条参照）。

しあわせは、各自が自分の心で決めるにしても、それを求められるための必要不可欠な状況を用意するのは、国家と官僚の任務です。ジェンダー、性的指向、宗教、先住民、難民あるいは移民であること、ヘイトスピーチ、死刑制度やその執行方法、犯罪の被疑者であることなどによって差別され、人間としての基本的権利が保障されない、国家の宝としての扱いを受けていない住民が一人でもいるなら、その社会における福祉は不完全であり、その国家はまだ福祉国家と言えないのではないでしょうか。国家がその最も大事な使命を果たすように、住民一人ひとりは、ますます現状を把握し、差別されている人々、人間としての幸福を求められない状況におかれている人々のことを、タニンゴトではなく、ジブンゴトとして受け止め、憲法の第二一条で唱えられている権利をさらに活かして、行動を起こす必要があるのではないでしょうか。

社会における癒し

癒しについて先に述べたことからして、癒しの行為は、法律などによって定められないのではないでしょうか。癒すことは、相手を癒そうとする人の心の憐れみ深さ、慈悲深さと相手の痛みへの共感にかかわることであって、それは、決まりによって義務づけても、実行できることではありません。また、痛みを背負って、癒しを必要としていても、本人がそれを本気で求め、願っていなければ、得られるはずがないのではないでしょうか。さらに、痛みの癒しを必要とする人と、癒しを提供しようとする人の波長のようなものが合わなければ、癒しは実現されないことになってしまいます。

その回数は多くはありませんが、私はデモに参加したことがあります。その際に、警官が規制するという自分の役目だけではなく、憲法の第一五条や二一条を思い出して、デモをしなければならない人々の痛みも実感してほしいと思いました。そうであったならば、規制しながらも、権力者ではなく、奉仕者としての態度が感じられ、少しでも癒しになったに違いありません。

また、私は障害や高齢によって自分でできなくなっている同僚の代理として、障害者手帳、転入や転出、介護認定などのための手続きをしています。そのときに、度々感じることがあります。それは、その事務に当たっている公務員が、障害者手帳あるいは介護を必要としている人、その手続きのために誰かが時間を割いて、該当する事務所まで行かなければならないというようなことを考えずに、事務的なこと、書類に不備があるかどうかなどというようなことだけにとらわれて、少しも相手に対する共感を示していないということです。

以上のことは、小さなことと思われたり、あるいは住民はそういうことに対してあきらめているかも知れませんが、その社会における癒しの程度を明確に現しているひとつの症状ではないでしょうか。

先に書きましたように、外から、決まりによって癒しの心が生まれるはずはありません。しかし、政府関係者、警察官やその他の公務員の教育プログラムにおいて、憲法、人間一人ひとりの尊厳、住民の人間としての権利などについての訓練をさらに強化すると共に、癒しの心を育てるとは何か、そのような心をもつ素晴らしさについての課題をもっと加え、大事にする必要があるのではないでしょうか。

誰一人をも排除せずに、「人々はまさに国家の宝です」ということを、政府関係者をはじめ、すべての公務員は確信し、それを態度や行動で表さなければ、その国の社会における福祉と癒しは実現されないでしょう。

「癒し」が現れる共同体としての学校

萱場　基

はじめに

福音書はイエス・キリストが力ある「癒し」のわざを行うさいに「何をしてほしいのか?」と問い(マタ20・32など)、癒しのわざを行ったあとに「あなたの信仰があなたを救った」(同9・22など)と言ったと伝えている。

今日、子どもたちは家庭や学校を問わず、「基本的信頼が危機にさらされている」(全国生活指導研究協議会第五四回全国大会基調〔二〇一二年〕)環境に置かれているといえる。いま「存在そのものの相互承認」(同前)が大切なのではないだろうか。

学校や社会のなかで、人と人とが互いを受け入れ合い、相互の信頼を築き上げていく営みを通じて私たちが確認できることは、「だいじょうぶ、人は生まれてきただけですでに祝福された存在なのだ！」とその人に伝われば、その人は自ら動き始めるということだ。イエスが伝える喜びのメッセージ（福音）のエッセンス、「すべての人は生きているだけで素晴らしい！」「一人ひとりが祝福された存在です！」は、今もかげることのない希望の輝きを、この世界に放っている。

フランシスコ教皇は「一人ぼっちで希望をもち続けることはできません。希望をもつためには、互いに支え合う共同体が必要です」（『教皇カレンダー二〇一八』片柳弘史訳、ドン・ボスコ社より）と述べておられる。

教皇のこのメッセージは単なる願望ではない。私たちの生活現実のなかで少しずつではあるが築き上げられている「神の国」の現実である。

その「神の国」の現実を、この小論では学校という場に現れている「癒し」の中に、イエスの福音のメッセージを見出すことを通して確認したいと思う。

テーマ別にいくつかの教育実践を以下に紹介する。それぞれの実践記録の要約の後に、教育実践者・研究者の分析をまじえながら、聞こえてくるイエスの福音のメッセージを読者の皆さんと共に見出していきたい。

なお、実践記録の中の個人名（教師名も）はすべて仮名であることを最初にお断りしておく。

【テーマ 一】 学級のなかで子どもたちは互いを認めあっていく

以下の二つの教育実践は、「生活指導」（明治図書）二〇〇九年一月号に掲載されたものである。

一 津久田あき（大阪の小学校教諭）「くるしいおもいは　いっしょだよ〜動かしようのない辛さをやさしさと強さにかえて〜」

〔一〕子どもたちのようす

（一）絵理とクラスの子どもたち

絵理は明るく笑顔が絶えない子どもだった。しかし、原因不明の病気のため、辛い闘病生活を送るようになった。笑顔は消えた。口数も少なくなった。すっかり変わった自分の姿を鏡に映し、それでも目をそらすことなく自分を見つめ続けていた。

絵理の入院を学級に知らせることから始まった二学期、絵理を五人グループの班の一人にすることに、津久田先生は決めた。

毎朝行われる健康観察の時、津久田先生の「絵里ちゃん」との呼名に、絵理と同じグループの子たちは「はい！　元気です！」と応答した。配布されたプリントに絵理の名を書き、連絡袋にしまうグループの子がいた。

「コスモスうさぎ班」という班の名称も、絵理の同意を得た。グループの子たちが往復はがきを出し、絵理からイラスト入りの返信が届いた。

（二）絵理が病院内学級で作成した〈ぶんぶんゴマ〉を見て、津久田先生は「絵理をクラスで活躍させるチャンスだ！」と考え、絵理の作品を見本にしてクラスでコマ作りをさせた。絵理が病院で作った折り紙がお店係のお店に並ぶ。お絵かき係の「お絵かきコンクール」に絵理も応募させる。絵理の作品は金メダルを獲得した。授賞の理由は「絵理ちゃんが、金メダルを喜ぶかなと思ったから」と審査の子どもたちは話していた。

（三）裕子にかかわって「ちがい」の学習

裕子はからだのちがいを気にしていた。おしゃれだが、しかし目に病気を持っていた。「おばけみたい」。皆とちがっていることを「恥ずかしい、嫌だ」と言っていた。裕子はまわりの人とちがうことで、想像以上の疎外感を感じていた。裕子が求めていたのは「ちがいを受け入れる自分」以前に、自分と同じ気持ちをもった仲間だったのではないかと、津久田先生は思った。

（四）絵理の退院、そして帽子を脱ぐ

絵理は髪の抜けた頭を覆うために帽子をかぶっていた。三学期、帽子を取ろうという前向きな気持ちを見せてきた。絵理を裕子と同じ班にした。「みんなとちがった目」を気にする裕子が、「みんなとちがった髪」をもつ絵理と同じ班になった。津久田先生は、ふたりはともに一歩を踏み出せると思った。

津久田「みんなに何て言いたい？」。絵理「『絵里ちゃんの髪が伸びてきてるところを見てほしい』って言いたい」。絵理の母「絵理は『みんなが優しくしてくれるのに、自分が隠し事をしてるのも嫌だ』って言うんです」。

津久田「じゃあ、見てもらおうか」。絵理「うん」。絵理はしっかりとうなずくと、勢いよく帽子をとった。一瞬の間があり、子どもたちは拍手をしていた。津久田先生は思わず、絵理を抱きしめ、頭を何度も何度もなでていた。やわらかな金色の髪がうっすらと生えてきていた。

津久田「何か、絵理ちゃんに話したいことある？」。子どもたち「生えてきてよかったね」「よくなってきてよかったね」。身体のことを言っているかと思えば、「絵理ちゃん、また絵教えてね」とトンチンカンではあるが、場をなごませてくれる者もいた。裕子は何も言わなかった。絵理の髪を大きな目を開いてしっかりと見ていた。

（五）絵理ちゃんは、私らの友だちやもん

心の中の思いを、自由に詩にする授業をした。絵理は、「病気の時、しゃべれないくらいしんどかった」と詩にしていた。それを読んだ裕子は、絵理に手紙を書くように詩を書いた。

「えりちゃん、はたしも　えりちゃんとおなじで　くるしいをもい　いっぱいあるよ　わたしいつもきゅうしょくのとき　おともだちにめがパチパチするから　みんなに　わらわれたりするからわたしはいつも　なに　ゆったらいいか　わからないけれど　えりちゃんは　きゅうしょくのときずいてるのに　なにもいわないね　わたしもくるしい　おもいは　いっしょだよ　ゆうこより」

裕子の母「この子は、目のことを知られたくない、隠したいとずっと思っていたのに、こんなに心を開いたのは初めてです」。裕子はどんどん絵理に近づいていった。

給食当番の牛乳運びが絵理に回ってきた。絵理はまだ力が入りにくい。裕子が班の友だちを集め、話し合っていた。

津久田「どうなった?」。裕子たち「私らが順番交代でやることになった」。津久田「何で?　先生がやってもいいねんで」。裕子「だって絵理ちゃんは、私らの友だちやもん」。

（六）絵理と「同じ気持ち」

二月、絵理が「達夫くんが、私の後ろは遅いからイヤって言う」と訴えてきた。津久田先生は絵理を特別扱いせずに、対等につきあおうとする者が出てきたことにホッとした思いを感じながらも、絵理に「辛かったね。誰かにこの気持ち、聞いてもらおうか。誰なら話せる?」と聞いてみた。絵理「裕子ちゃん」。すぐに裕子を呼ぶと、絵理は辛かったことを話し出した。裕子は絵理の話をしっかり聴いた。「裕子も目のことを言われると嫌やし、絵里ちゃんの気持ちわかる」と話していた。

津久田先生は絵理に「裕子ちゃんは、目のことすごく気にしているねんけど、絵理ちゃんは裕子ちゃんの目のこと、どう思ってるの?」と聞いてみた。絵理は「気にならない」とはっきり答えた。津久田先生は、入院生活の中で、様々な病気を抱えて生きる人たちと出会った絵理ならではの言葉だと思った。それぞれの苦しさを抱えた子どもたちが、一人で苦しまず突破口を開くことで友だちを見つけ、苦しさを優しさの源にして支え合えたらと思う。

終わりの会で、裕子「班で話し合ったことがあるので聞いてください。はじめに、絵理ちゃんが『遅い』と言われて嫌な思いをしました。私たちも悩んでいることがあります。私は……、目のことで悩んでいます。だから、そのことを言わないでください」。裕子が、目のことを話すとき、涙声にならず、いくらかの戸惑いはあったものの、こんなにはっきりと言えたのは、初めてだったかもしれない。

津久田先生は「いろんな人と出会うから、また言われることもあるかもしれない。そんな時、どうする？」」。裕子「言わんとってって言う」」。目のことをからかわれるといつも、「先生、○○君が私の目のことで……」と涙をいっぱいためてしゃくり上げながら言いに来ていた裕子。彼女が、自分の弱さを笑って語れる日までの道のりは遠く、険しいと思われる。でも、力強い一歩を踏み出し始めたように思った。

（二）「喜ぶ人と共に喜び、泣く人と共に泣きなさい」（ロマ12・15）――津久田実践から聞こえてくる福音のメッセージ

照本祥敬（中京大学国際教養学部）は、津久田先生は「クラスの子どもたちと一緒に、人間的なぬくもりに包まれた学習・生活空間を学級内に創出する実践を積み重ねている」（「生活指導」二〇一二年三月号）と分析している。

重病で入院し、今は教室にいない絵理がクラスの諸活動に参加できるように、様々な保障が配慮されている。津久田先生が絵理の名を呼ぶ時、班の子どもたちは「はい！　元気です！」と応答し、教室にいない友の存在を確認している。班名決め・交換日記・ぶんぶんゴマ作り・お絵かきコンクール……にも絵理の参加や意見表明が保障された。津久田先生は、クラスの子どもたちに、「動かしようのない辛さを抱えた」絵理と共に学習と生活に参加することの意味を問わせつつ、お互いを仲間として尊重しあう共生の世界を誕生させようとし

ている。

「みんなと違った目」の裕子と「みんなと違った髪」の絵理が「同じ気持ちを持つ仲間」として出会い、「違いを受け入れる自分」に変容することに向けた、共同的なつながりが育つことを、津久田先生の実践は展望している。

給食当番の牛乳運びが絵理に回ってきた時、まだ力が入りにくい絵理に代わって、班の子どもたちが順番交代で行うことを、裕子が班の友だちを集め話し合って決めた。津久田先生が「何で？　先生がやってもいいねんで」と言ったのに対し、裕子は「だって絵理ちゃんは、私らの友だちやもん」と返した。「だって絵理ちゃんは私らの友だちやもん」と言う裕子は、絵理が生きている現実と対話しつつ、自分自身と向き合い直そうとしていることを読み取ることができる。

照本は、「子どもたちは、それぞれが悩みや苦しみを語り、聴き取っている。教師も、『違い』という枠組みを超えた、それぞれの苦しみや願いに共感的に応答しあう仲間＝共闘的他者と共に生きることの価値を発見した」（同前）とまとめている。

二　大島冴子（東京都の中学校教諭）「二の一の話 *PART2*――道夫とクラスの子たち」

〔一〕子どもたちのようす

（一）道夫のいるクラスは男子一一人・女子一六人。表面は普通？に付き合っているように見えるが、内面はお互いに信頼していない。大島先生は、道夫も他の子どもたちも、抱えているものを見つけ、そこにあるものをつなぎ合わせ、子どもたちにとってそれぞれが認め合っていけるような集団に近づけていこう、していきたいと願って教育実践を展開する。

（二）道夫の様子

朝は機嫌が悪いが、妙にテンションが高い時もある。軽口や侮辱の言動を連発し、「公務員なんてろくなもんじゃない」「女の言うことなんて……」と口走る。まわりが道夫のペースに乗せられると、調子が取れなくなるという悪循環に落ち込む。昼ころは妙にフレンドリーになり、時事問題や好きな車のことをにこやかに話してくる。

道夫がちょっかいを出すのは、ＬＤ（学習障がい。発達障がいのひとつ）の進、不器用だが頑固な義彦、うつ病の母と別な場所で祖母と暮らす弘子といった子どもたちだ。これらの子どもたちは道夫のしつこさに嫌気を示し、道夫もそれに気づくのだがやめないので、相手が嫌がり騒ぎになることがたびたびある。道夫はクラスの子どもたちから嫌われているのだが、また、道夫が教師をからかう時に、クラスの子は道夫を応援し同意の声を発したりすることもある。

道夫は人の欠点に対して敏感である。目立たないドジな子に、はっきりとからかい口上を言う。大概はクラスに受けるが、時々失敗する。そんな時、クラスの反応は道夫に対し冷たい。大島先生は「道夫もまわりの子どもたちも屈折したものを持っている」と分析する。

道夫の家族状況は複雑だ。祖父は高学歴、医師を務めてきた。父はギャンブル癖があり、その借金を祖父や妻が立て替えていたが、ギャンブルをやめなかったので、ついに道夫の母は夫との離婚に至っている。母も親戚も高学歴である。こういう家庭状況のゆえか、道夫は「医者にならないといけない」「貧乏人は嫌だ」「学校は息抜きの場所だ」と言っている。道夫は塾ではトップクラスの成績だ。「塾の下位ランクのクラスはボクラのために塾費を出している」と言ってはばからない。一方、道夫の学校での教科評価は低いままだ。教科の課題である提出物を出さないからである。母は経理の仕事をしていて、大きな家に暮らしているのだが、就学援助も受けている。

道夫と教師の間だけではなく、他の子にも、道夫の面白さや生きにくさを認めて、対等にかかわれるクラスの状態が必要であると大島先生は考えていた。

（三）聞き取る・探る・つなごうとする

道夫だけでなく、他の子どもたちも、表面はなんとなく穏便に過ごすが、内面はかみ合っていない。

由香理が「奈美たちにいじめられている」と訴えてくる。奈美たちに事情を聞くと「こっちこそ言いたいことがある」と、山ほどの悪口を言い立ててきた。その後も、奈美たちは大島先生に「もっと話そうよ！」と、廊下に座り込んで話してきた。

帰りの会では、今日もうるさかった授業での状況が報告される。「だってつまらない」「わからない」「班長が教えたらいいいんじゃない」「ちゃんと聞いてたらわかる」というような発言が出る。大島先生は「寝ている子がいたら起こすように、わからなかったら質問するように」と指示し、毎日の朝の会で確認して帰りの会に報告することを決める。

「礼くんを起こした、けどまた寝た」という帰りの会での報告に対し、大島先生は「それでいい。礼にとってそういう仲間がいることが一番大事」と評価する。

次第に「今日は進が笛を吹けなくてテストに失敗した」「練習しなくちゃ駄目って先生に怒られた」「今日は進が笛を最後まで吹いたんだよ」と帰りの会を待たずに昼に皆が嬉しそうに言ってくることも出てきた。自分で「今日、国語のテスト、結構よかったの」と言ってくる子に「そう、それって偉いよ」と一緒に言う子も出てきた。放課後も子どもたちと話した。内容は勉強・親・友との関係・部活……、と様々だった。

道夫は塾のない日は遊びながら、よく話に加わる。「おれの塾、いいよ」「生まれてこなかったらよかったって、親戚に言われる」「国立か慶應へ」「公立高校なんか大丈夫」と話している。

掃除の途中や教卓の片付けをしているときに話しかけてくる子がいる。大島先生は、その時の子どもの話したい気分をとらえて、そこにいる子どもたちと一緒に話した。

少人数の子どもと高校の話や勉強の仕方などを話した時は、必要な話は少しずつクラス全体にも出すように、大島先生は配慮した。

道夫がある時、「小学校三年の時、担任の指示で自分のグループの子の面倒を見た。もう一度、そういうふうになりたい」と話した。クラスの流れをかき乱すことの多い道夫だが、彼自身が今のままではまずいと思っていることが、そのときわかった。大島先生は「そうなんだ！」と道夫に応じた。

子どもたちとだけではなく、大島先生は保護者とも会う機会があると、保護者の状態や気持ちもわかるように聞き込んでいった。道夫の母親は、離婚のいきさつや道夫の扱いづらさを話してくれながら、「あの子は自分のやりたいことが見つかっていない。それが大事だと思っている」「でもきっとあの子は、いつか頑張ってくれると思う」と言っていた。

（四）班替えで

これまでは班長選び・班員の構成には、クラスの合意がいるとの意識はなかった。

そのような時、秋子と梓に大島先生は話した。大島「秋子と班が一緒なら、どう？」。秋子「うん、まあいい」。大島「梓は？」。梓「私？　いいよ」。大島「じゃあ、移動教室が終わったら班替えしよう」。秋子・梓「やったー」。あてがわれた班構成・たまたま一緒になった班員ではなく、自分も意思表示をして、班を編成していくという経験が始まった。

班編成の過程のなかで、大島先生には意外だった、道夫への子どもたちの好意的な評価が明らかになっていく。「道夫は勉強がすごくできるの。騒いだり、人の嫌がること言ったりする。先生ともぶつかるし、小学校ではもっとすごかった。でも、やさしい」「そう、やさしい。一緒に話しているとよくわかる。おれの知らないこともいっぱい知ってて面白い。おれ、前に数学で分からないこと教えてもらったことがある」「おれ、道夫になんか惹かれるところある」。

（五）道夫の願いに寄り添う

体育祭に向けての準備・練習の期間は、道夫をはじめクラスが自分たちで考え、自分たちの動きを作っていく時だ。道夫は体育祭実行委員なのである。道夫は独断で強引だった。クラス内に、体育祭への不安や道夫に対する不満が交錯する。一方で皆のことを考える意見や動きのある子たちが台頭してくる。それに対して、道夫は面白くない。

道夫は勝手に自分だけで「全員リレー」の選手決めをしようとした。他の子は怒った。道夫にまともに怒ったのは初めてだった。道夫は謝った。これも初めてだった。こうして、クラスの合意を作りながら、「速く走れない人ががんばれる」を方針に、「全員リレー」の順番が決定されていった。

体育祭へ向けての練習が続いたが、「ムカデ競争」がうまくいかなかった。道夫は大島先生に断ったうえで、「みんなにお願いがある」と言って、ムカデ競争のやり方をクラスに提案した。皆、道夫の様子に驚き、気持ちよく了解した。聡が「道夫、朝練習来いよ」と言った。道夫は「……あ、ああ」と答え、次の朝練習から来た。

練習を嫌がる子には、道夫も他の子も声をかけた。声をかけられた子は考えるようになった。その様子が皆に伝わった。体育祭が終わった時には、道夫は「みんなの実行委員」になっていた。一学期に道夫が「小学校三年のときのように……」と話していたことを、大島先生は思い出した。

道夫は三学期、数人の希望で理科を教え、さらに社会科を、クラス全体にプリントを大量に作って一時間教えた。わからない子どもの声を受けとめ、わかりやすく教えるものだった。道夫は中学三年での高校受験のことを考えて、三学期が終わると同時に私立中学校へ編入していった。しかし、新しい学校は彼の思う「仲間」ではなかったのだろう。一学期だけで戻ってきた。今、道夫は自分の進路をとらえなおしながら、彼なりにまわりへの気配りをしている。「でも、急には変えられないもんなあ」とも言っている。

二年生のときのクラスの子は「私たちは道夫の表面ではなく、中身をわかっているから」と温かい感じで受けとめている。道夫にだけでなく、他の子たちに対しても同じだ。

〔二〕「何が望みか？」（マタ20・21）――大島実践から聞こえてくる福音のメッセージ

照本祥敬は、道夫の受験学力は学年トップであること、アスペルガー症候群の疑いがあること、「強い『指導』」を是とする前担任と激しくぶつかりあったことをとらえて、「『荒れ』の体験やこれを『力』で抑えこもうとする『指導』体制のなかで、様々な困難や課題が生じていく」と指摘している（前出）。

大島先生の実践の軸は「道夫も他の子どもたちも、抱えているものを見つけ、そこにあるものをつなぎ合わせ、子どもたちにとって、それぞれが認め合っていけるような集団に近づけていこう」ということにある。

大島先生は辛抱強く道夫との対話の世界を築き、それを丁寧に子ども集団に返していく。一人ひとりが抱えこんでいるものを声にして出させ、この声に共感的に応答しあう子どもたちの関係性を創り出している。

子どもたちの「道夫」像に接した大島先生自身の学び（発見）は次のようなものであった。道夫は優しい。一緒に話しているとわかる。いろんなことをいっぱい知っていて面白い。道夫になにか惹かれるところがある。

照本祥敬はこのことに注目している。「このとき、大島先生は、自分より成績が劣る者を公然とバカにしてはばからない道夫の、でもほんとうは〈仲間〉として共に生きたいという願いを、確信をもってつかみとることができた。また、この学びが、その後の体育祭や学習へのとりくみのなかで、それまでになかった相互の批判や要求、共感や支援を中核にする自治的世界を誕生させる原動力になった」（前出）。

道夫の母親が、大島先生に語っていた「あの子は自分のやりたいことが見つかっていない。それが大事だと思っている」「でもきっとあの子は、いつか頑張ってくれると思う」という願いが、道夫において学級の中で徐々に実現していった。

【テーマ二】学級が子どもたちにとって癒しの場（居場所）になるとき

標記のテーマについて、一つの教育実践記録を紹介する。実践記録ならびに教育実践者・研究者の分析は、いずれも「生活指導」（高文研）二〇一七年六・七月号を参照している。

志方正樹（大阪府の小学校教諭・高学年）「みんなの居場所になるクラスへ」

〔一〕子どもたちのようす

（一）学校と子どもたちの状況

志方先生の学校の就学援助率は市内でも高い数値を示している。学力は低い。担任をした五年生は大きなトラブルもないので、校内では「奇跡の学年」と呼ばれていた。しかし、実態は自分を抑圧しながら、「自分よりできないヤツ」を見下す姿が散見された。基本的には指示待ちで、学力的に厳しい子を多く抱えている。様々な課題を抱えながらも、子どもどうしがつながり、クラスに来ればホッとする、居心地がいい、みんなの居場所になるようなクラスをめざして実践を展開することを、志方先生は展望している。

（二）とくに援助が必要な子どもたちのプロフィール

① **大毅**―母子家庭。母は昼には会社勤務。「夜の仕事」にも従事している。大毅の理解力は悪くないが無気力。学力は低い。

② **智紀**―母子家庭。母はバイトを掛け持ち（宅配業者、深夜のコンビニ）し、生計を立てる。智紀は持ち物がそろわず、提出物も出ない。言動に見通しがなく、場当たり的なウソをつき、智紀を嫌っている子は多い。宿題はやってこない。家庭学習の習慣がなく、低学力。

③ **チサキ**―母子家庭。両親は昨年離婚。学力的に算数が厳しい。公的な場面で前に出ることはあまりない反面、私的な場面では負けん気が非常に強い。

（三）初めの一か月

学年の初めは名簿順にメンバーを構成した班でスタートした。

チサキと智紀は毎日のようにケンカをしている。チサキは智紀のいい加減さが許せない。智紀の言動にいちいち突っかかる。智紀はそれに反感を持ち、口論がエスカレートする。チサキ「智紀は、自分では何もできてないのに、人のことばかり言ってホンマ腹が立つ」。志方「チサキは正面に立ちすぎてるんちゃう？　まわり見てみ？　うまくやり過ごしてる人もいるで、良いか悪いかは別にして。なんとかしたいという思いはわかるけど、チサキがしんどくないか？　まわり見てちょっと斜めというか、言い方や見方を変えたほうが楽になるで」。チサキ「やってみる」。この後、しばらくケンカはおさまった。

第一期班で、発言の取り組みと当番活動の取り組みを行った。二つの取り組みを終えた頃、班替え要求が出てきた。班長会で話し合った目標は「もっとクラスのみんなと仲良くなろう」になった。班長会で「始業のチャイムが鳴ったら着席」の取り組みを行った。取り組み自体は成功したものの、班長たちは声かけに少し苦労した。取り組みを終え、コユキが「簡単にできる班とできひん班があるなあ」とつぶやいた。

（四）大毅の行きしぶり

家に落ち着く場所がない大毅。祖父・伯父の暴力を受けている。母と祖母がケンカをすると、母と大毅には食事が与えられない。大毅は言った。「ホッとする時間がほしい」「四年生のいとこは、家族で唯一何でも話せる存在」。

（五）智紀の行きしぶり

校区外の祖母宅から、智紀が行きしぶっていると連絡があった。「友だちとケンカして行きたくない」と言っているとのこと。志方先生が行ってみると、智紀はランドセルを背負い玄関に座っていた。そんな状態で、祖母が言った。「ところで、明日の家庭訪問は、ここでお願いしたい。この子の家は足の踏み場がないほどグチャグチャですので」。

智紀と話した。志方「学校が嫌だった本当の理由は？」。智紀「ホンマは朝、母とケンカしたから」。志方「ノートをいつも忘れたと言っているが、ホンマは無い？」。智紀「お金がないって買ってもらえない」。志方「困ってるんなら相談しい。ノートは何とかならないか考えてみる」。事務担当者と相談してノート一式を渡す。

智紀の次姉は校区外の中学に通う。いつもシワクチャの制服を着用し、昼食を持参せず、食べない日もある。見えなかった家庭の様子がわかってきた。間に入ってもらうことを期待していた祖母も借金で、地域ではかなり浮いた存在になっていた。

智紀とチサキが一か月ぶりに派手にケンカをした。志方「なんでやろ？」。智紀「チサキが何にも言ってこなかったから」。チサキ「智紀を気にしないようにした。でも、今日はがまんできんかった」。志方「チサキががんばったから一か月平和やった。智紀、毎日ガミガミ言われたわけちゃうから、チサキの言うことに耳を傾けたら……。さあ、次はいつケンカする？」。チサキ「二か月は頑張ろうと思う」。智紀「俺も」。志方「がんばれ！」。一学期の終わりまでケンカはなかった。

（六）学級内クラブと智紀

第三期班になって学級内クラブを導入した。学級内クラブ「ピタゴラスイッチクラブ」は「学校的でない自由な感じ」が受けた。メンバーは放課後もよく遊ぶ。クウとコユキは仲良しになった。

四班に智紀、俊和（給食のおかわりへのこだわり、アスペルガー診断）、竜太（優しいがボーっとしている）が入った。智紀は俊和と竜太とともに将棋クラブを立ち上げた。竜太はほわっとした感じで智紀の相手をしている。放課後も三人で竜太の家で遊ぶ。智紀は初めて放課後に友だちの家に遊びに行くことになった。一学期のふりかえりで「よく遊ぶ友だち」の項目に、竜太はクラスでただ一人、智紀の名を挙げた。

（七）大毅と母の変化

大毅の行きしぶりがひどくなる。志方先生は大毅と面談する。大毅は疎外感を持っている。「市民プールに行く約束をしているいとこが大毅の帰宅を待たず、友だちと先に行ってしまう」「友だちがいとこを毎朝誘いに来て、大毅を放って登校してしまう」。大毅はいとこに必死に取り入ろうとしていることがうかがえた。志方「大毅はいとこに気に入られようと無理している。それで楽しいの？」。大毅「楽しくないけど……」。志方「いとこは大毅が嫌いなんじゃなくて、友だちと一緒にいたいんとちゃう？　大毅も楽しくなる方法を考えてみよか」。大毅「なんでも話せる友だちが欲しい」。志方「誰といけそう？」。大毅「勇二や修吾や幸雄かな……」。志方「朝、一緒に登校しょって誘ってみたら？」。大毅「そうしてみる」。志方先生は大毅と話した後、修吾や幸雄とも話した。志方「もうすぐ大毅が一緒に登校しょって誘ってくると思うけど、ええかなあ？」。修吾「ええよ」。幸雄「俺ら、大毅の家の近く通るから、誘いに行くわ」。志方「ありがとう！」。この日から修吾や幸雄とともに大毅は朝から学校に来るようになった。

大毅の母から悩みが打ち明けられる。「なんでこうなってしまったんやろって、毎日考えているんです」。志方は、一学期に大毅とともに取り組んだことを話す。そして、大毅に寄り添い、自立できるように協力しあっていくことを大毅の母に提案した。

大毅の母にスクールカウンセラーを紹介した。母も家庭で起こっている問題をストレスに感じていた。仕事を少しセーブし、大毅と向き合う時間を持とうと思うと語った。

（八）一学期最後の班替えは班長立候補制

第三期班の学級内クラブにより、子どもたちのつながる様子が見えはじめる。しかし、日常生活での当番や掃除活動は班によって差が出ている。また、「智紀に冷たい人が多い」という気づきも生まれてきた。

第四期班をどうするかを班長会で話し合った。修吾「勉強がわからへん。うちの班、みんなアホやもん」。班長たちはハッとした。コユキ「勉強を教え合える班つくろうや。勉強わからへん人と、教えられる人が一緒になるようにして」。修吾「先生がつくったらいいやん。誰が勉強苦手かもわかっているし」。アカリ「アカンて、それやったら先生がおらんとなんにもできひんクラスになるやん」。

第四期班は班長立候補制で選任された新班長による班編成が行われた。班長たちは、班編成では学力面だけでなく、班員相互の人間関係も考慮しなければならないことに気づいていった。

（九）運動会の取り組み

応援団は不人気で、団員のなり手がなかなか出てこない。しんどい、毎日の練習で休み時間がなくなるというのが理由のようだ。

チサキ「私やってもいいで」。志方「えらいなあ。でも、なんで？」。チサキ「だって、誰かやらなあかんし」。志方「みんなのことを考えたんや。もし良かったら、一緒にやれそうな子に声かけてみて」。チサキ「そのつもり」。翌日には女子三名が立候補。あと一人。志方「自分がやろうかなって揺れてる人？」。目を閉じさせて挙手させると、ほとんどの子が手を挙げた。志方先生は子どもたちにそのことを伝えて尋ねた。志方「あと一歩、手が挙がらないのはなんでやろ？」。修吾「だって、自分がしんどい思いせなアカンやん」。コユキ「うちはリレーに絶対出たいねん」。志方「多分、みんなそのへんで揺れてるんやろな」。チサキも最初はリレー希望やったもんな。無理強いはできひんけど、決めなあかん。みんなにできることはないやろか」。勇二「みんながちゃんと支えていく。応援練習なんかでしっかり声を出す」。志方「そやな、こんな状況で立候補してくれた仲間を大切にせなあかんな。じゃあ、そのことをみんなで決めていいですか？」。

「応援団を大切にすること、しっかり支えていくこと」をクラスで決めた。

そして、最後の一名は、チサキの隣の席のユミが立候補した。

〔二〕「疲れた者、重荷を負う者は、誰でもわたしのもとに来なさい。休ませてあげよう」（マタ11・28）――志方実践から聞こえてくる福音のメッセージ

神奈川県の小学校教諭の柏木修は論文「本人の意思を大切にしたていねいな指導」（前出）で、志方先生の実践は、「困難ななかにいる子どもと友人を結びつけ、そういう子どもたちに関わらせるなかで、リーダーを育てる指導を行っている」と評価している。

大毅の家庭は複雑で「家に落ち着く場所がない」。大毅の登校しぶりに、志方先生は会議室を用意し、教室にいつ来てもよいと、大毅に伝える。選択を大毅本人に任せ、結果を出すことを急がない。登校しぶりがひどい時には、志方先生は大毅と対話している。

志方「誰と一緒なら行けそう?」。大毅「勇二、修吾、幸雄かな」。給食運び、学級内クラブ活動を通して関係性をつくり、修吾と幸雄が朝、迎えに行くことによって大毅の居場所を確実に生み出している。

智紀とチサキの二人のケンカでは、チサキに寄り添いつつ、「やりすごすこと」「見方を変える」ことを要求している。チサキを積極的に評価しつつ、今後のがんばりへの期待を志方先生は表明している。志方先生の働きかけに対し、ふたりは未来を方向づける決意を表明する。チサキ「二か月は頑張ろうと思う」。智紀「俺も」。チサキを知的に成長させる指導であった。

智紀は母子家庭、落ち着いた生活ができていない。智紀の登校しぶりに、志方先生はすぐに出向いている。ノートが買えない状態であることを予想し、事務と交渉し、ノートを用意している。かつて、大日本帝国の敗北をもって、アジア・太平洋戦争が、多くの人命の殺傷と社会・文化の破壊をもたらして終結した直後の時代、日本社会全体の貧しさが子どもたちの未来に暗雲をもたらしていた。その時、学校は児童・生徒・学生の食と学びをケアする最前線ともなっていた。今また「日本国憲法第二五条　一、すべて国民は、健康で文化的な最低限度の生活を営む権利を有する。二、国は、すべての生活部面について、社会福祉、社会保障及び公衆衛生の向上及び増進に努めなければならない」を、それをなすべきはずの「国」のサボタージュによって、学校は、「国」の「代行」としての役割を担う実体として自らを認識しなければならなくなったのであろうか。

子どもたちを結びつけるにあたって、学級内クラブが居場所づくりの大事な契機となっていることが読み取れる。将棋クラブで、智紀と竜太は結びつき、竜太の家で遊ぶようにまでなった。

このような新しい関係性のなか、修吾・大毅は班長に立候補する。クラスの選挙の結果、勇二が班長に信任される。応援団決めでは、幸雄・修吾・チサキ・勇二といった、学級内クラブで関係性を強めていった子どもたちが、積極的な発言をしている。

福田八重（帝京科学大学教職センター）は志方先生の実践を、論文「子どもたちが安心して成長する権利が保障される居場所とは」（同前）で、「学級やこの世界に自分が生きて存在していていいのだということへの不安を持っている子どもも多い」と指摘する。集団づくりでは、子どもたちが「傷つきから、『自己』を取り戻す営み」と「学級や学校を自分たちが生きられる場にしていくこと」が必要となっている。現代の集団づくりにおいては、ケアの視点からの学級づくりが出発点となる。福田が論文中に引用している田中治彦は「居場所は、未来への展望という時間軸と現在の自分の位置取りという空間軸とが交差するところに形成される。そして居場所を確保していくためには、他者との関わりという第三の要素が欠かせない」（田中治彦『子ども・若者の居場所の構想』学陽出版、二〇〇一年）と述べている。

福田はまた、居場所ができるためには、自分がそこに居ていいと思えることに加え、未来への展望が必要である。子どもにとって、希望が持てる場所が居場所になっていく。「明日、みんなと楽しいことができる」「この学級でこれから生きることは、自分のものの見方を広げていく」。未来への見通しが持てるためには、「他者との関わり」が欠かせないと、適切な視座を提示している。

おわりに

ロヨラの聖イグナチオは、「霊操」の様々な祈りを始めるたびに、「切に望んでいるものを主なる神に願うこと」（『霊操』ホセ・ミゲル・バラ訳）と指示している。人間が回心し成長するためには「自分は何を望んでいるのか」を意識することが不可欠なのだろう。

大島先生の実践に出てくる道夫は「自分の本当にやりたいことが見つかっていない」（母）状態だった。道夫に限らず、困難を抱えている子どもは自分の望んでいることがわからない状態を続けている。それが仲間とのかかわりや教師との対話を通して、自分が「切に望んでいるもの」を見出し、その実現に向けて自分を変えていくのであろう。

さらに大切なことは、回心と変容はその人物だけに起こることではないということである。紹介した実践記録に中心的に取り上げられている子どもだけではなく、その子どもにつながるまわりの子どもたちが、親が、教師が回心し変容へと導かれている。

イエスが弟子の共同体を大切にした理由の一つがここにあるのではないか。人は共同体のなかで「神の国」を見出し、「神の国」の完成へと自らの人生を方向づけていくのだろう。これまで見てきた学校や私たちの教会といった共同体はちっぽけで、欠点がいっぱいある。しかしこの共同体で、私たちは神の「癒し」のわざを見る。自己を閉ざし、生き生きと生きていない私たち（福音書はそのような状態を「悪霊に取りつかれ」〔マタ9・32など〕と表現するのだろう）が、癒されるのはこの共同体においてなのだ。

イエスのまわりに集まった弟子たちは、いわゆる立派な人格者ではなかった。ある者はいわくつきの人物でさえあった。イエスが処刑された直後には、「ユダヤ人を恐れて、自分たちのいる家の戸に鍵をかけていた」（ヨハ20・19）臆病者たちであった。ところがその弟子たちが、共同体のなかで復活のキリストを確信し、聖霊に満たされて、仲間とともに世界へと「癒し」の福音を携えて派遣されていく。この神の「癒し」の恵みのわざは、絶えることなく、私たちの間で、今も行われ続けていった。

第2部　さまざまな立場から語られる「癒し」

詩の治癒力

岡野　絵里子

1　言葉の治癒力

ハイキングコースの途中で、中年の女性がへたり込んでいた。あと少しで山頂ですよ、と声をかけたが、もう歩けないと言う。だが、二分半くらいで頂上に着きますよ、と言うと、「えっ、二分半！　それなら私行くわ！」と荷物をかき集め、元気に登って行った。

詩人の某氏は、型にはまらず自由に溢れ出る個性の持ち主だ。だがそのせいか、師に当たる詩人から、行儀が悪いと、しばしば叱責されてしまう。その日も、師に注意され、作品まで批判されたと悲しんでいたので、「いや、某さんがいらっしゃらない時には、（師は）某さんのことをとても褒めておられますよ」と答えた。某氏は、ぱっと花が咲いたように微笑んで、私の顔をじっと見た。

どちらも、いわゆる善意の嘘をついた話である。山頂まで、鳥なら二分半だが、彼女の足では十分以上かかったろうし、師が某氏を褒めるのを聞いたわけでもない。相手を励まそうと、その気持ちを言葉にして伝えただけだ。相手が信じたかどうかはわからないが、言われた言葉を彼らが自分の力にしたのは事実である。

その後、某氏はますます良い作品を書くようになったので、師は某氏の詩集を評価し、年間の優秀詩集に推薦した。私の言葉は、嘘ではなくて、一種の予言になったことになる。虚構が人を動かして、良き結果をもたらしたと考えると面白いが、言葉の力はそういうものなのだと思う。


闇のなかに。

ガラスの高い塔がたち。

螺旋ガラスの塔がたち。

その気もとおくなる尖頂に。

蛙がひとり。

片脚でたち。

宇宙のむこうを眺めている。

読者諸君もこの尖頂まで登って下さい。

いま上天は夜明けにちかく。
東はさびしい Nile blue で。
ああ　さようなら一万年　の。
楽譜のおたまじゃくしの群が一列。
しずかに。
しずかに。
動いている。
しずかに。
しずかに。
動いている。

（草野心平「さようなら一万年」）

一九三八年（昭和十三年）に刊行された詩集『蛙』の中の一篇。この不思議な光景に、多くの読者は幻覚を見たような気持ちになるのではないだろうか。教科書に掲載されたこの詩を読んで、衝撃を受けた中学生がいた。

彼は家庭でも学校でも居場所がなく、生きるのが苦痛で、死にたいとさえ考えていた。読書もほとんどしなかったが、国語の教科書は開いたのである。最初は、説明できない強い衝撃を受けていたが、やがて小さな蛙がたった一匹で「一万年」「宇宙」「上天」というスケールの大きなものに向かっていることに感動していった。

自分が今いる世界をすっぽり包んでまだ余りある、とてつもなく大きな世界があるのだ、と彼は感じた。その世界を感じることで、彼は救われたのである。

この詩は、中学生の悩みを解決する方法を示したわけでも、元気を出して生きよ、と言ったわけでもない。彼自身が、自分の悩みがごく限定されたものにすぎないことを悟ったのだ。詩の言葉は、読む者の心情に直接働きかけ、動かす。物事の新しい本質を示すことで、既存の価値観を壊し、世界の再構築を促す。そのおかげで、この中学生が新しく生き直すことができたのは幸いだったが、詩の治癒力が効きすぎたらしく、詩人になってしまった。現在では、中堅の詩人として活躍している。

2　戦時下における詩の言葉

ある日　突然
自分が最近まったく笑わなくなったことに気づく
自分の過去を探ってみる
自分が過去に何をしてきたかと洗いなおしてみる
（中略）
やむをえず　みんなが集まっている場所へ行く
そこでなら　みんなと同じように笑えるだろう
そこへ行くと　みんなはあれこれ冗談を言いあって笑っている
でも　冗談を聞いても　にこりともできない

いっそ浪費して遊んでやろうと決心する
だが　いざ町なかへ出て
いろんな遊びに耽ってみても

むなしさのようなものを感じてしまう
やりきれない想いにとらわれてしまう
このいつもの自分に〈乾杯！〉を言う
八方手を尽くしても　気が晴れないことが
途方に暮れさせる

最後は　バスにとびのる
夜ふけの闇の中をやみくもに走る
もう一度腹の底から笑えるようになるまでは
まだ時間がかかるんだな　と思いながら

（E・ケストナー作、飯吉光夫訳「むなしい笑い」
詩集『E・ケストナーの人生処方箋』より）

この詩集は、「お金がないとき」「大都会がいやでたまらなくなったとき」「病気で苦しんでいるとき」「恋が破れたとき」等々人生のつらいときに、薬を服用するように、それに適した詩を読む趣向になっている。それで処方箋というわけだが、この詩は「孤独が耐えがたくなったとき」のためだ。

主人公が笑えなくなった理由は書かれていない。だから読者は　自由に想像し、自分の悩みを当てはめることができる。ああ、自分と同じだと思いながら。主人公の友人たちは、遊ぶ時は仲間だが、苦しみに寄り添ってはくれない。とうとう、主人公は当てもなく深夜のバスに乗ってしまう。彼は自分の心とだけ一緒だ。傷つき疲れた心をただじっと感じている。無理に笑い騒ぐより、こんな風に独り静かに休むのもよいものだ。主人公と共に、読者の心も慰められ、癒えていく。

ケストナーは一八九九年、ドイツ、ドレスデンに生まれた。児童文学の作家としてよく知られているが、出発は詩人である。彼の言葉は、時代の暗い影の下で、悩みながら懸命に生きる人々を励ました。劇作家でジャーナリストでもあるルドルフ・フランクが「この『実用叙情詩』は現実を冷静に見つめた言葉のフォトグラフィであり、また、あらゆる幻想という名の病を治してくれる飲みやすい言葉の薬なのである」と評した通り、読んで癒される実用的な詩であった。

彼は地方新聞に社会風刺の詩を書いた。皮肉られ、風刺の対象になったのは、再軍備の機会を待つ軍国主義者や民族主義団体、巷では偽善的な人々やおべっか使いなどで、モラルと健全さを土台にしたケストナーの毒舌を人々は喜んで読んだ。

ところが、この頃ドイツでは、第一次世界大戦の敗北を取り返すかのように、ファシズムが頭をもたげ始め、一九三三年にはヒトラーを首相にしたナチス政権が成立してしまう。思想弾圧が激しくなり、ケストナーはじめ、反ナチスと思われた作家たちの著書は焚書にされ、間もなく執筆活動を全て禁じられた。

しかし、彼の詩は読まれ続けたのである。押収した発禁本を保存してある建物のすぐ外で、行商人が衣類の間に隠して詩集を売った。ポーランドに侵攻、大戦が始まると、兵士たちは戦場で詩とタバコを交換した。「ある突撃隊は、いくつかの詩をマイクロフィルムに撮り、航空基地内でスクリーンに映して、みんなで見たりした」(クラウス・コードン『ケストナー　ナチスに抵抗し続けた作家』)。そして、ユダヤ人のゲットーでも密かに回覧されて読まれた。詩を手書きした紙片が、ワルシャワのユダヤ人博物館に現在も保管されている。

迫害された人々と迫害した人々が、同じ詩を読んで心を癒そうとしていたのだ。詩の言葉で心を支え、人間性の崩壊を食い止めようとしていたのだ。なんと痛ましいことだろう。何の疑問もなく大義を信じ、他国を侵略できる兵士は気楽である。だが、それができない良心ある人間が兵役についていたら、それは悲劇と言わざるを得ない。ケストナーの詩は、そんな人々の心を守り、虐げられた人々には、人間の良心の復活と平和への希望を持たせた。最もよく読まれた詩の一つは、ゲーテの「君や知る、レモンの花咲く国」のパロディであった。

君や知る、大砲の花咲く国を？
知らないって？　まもなく知るだろう！
あそこでは支配人が胸を張り、大胆不敵に
事務所に立っている、まるで兵営ででもあるかのように。

そこでは、ネクタイの下に一等兵のボタンが生える
そこでは、みんなが目に見えないヘルメットをかぶっている。
そこでは、人は顔を持っているが、頭は持っていない。
ベッドに入れば、もう子どもがふえる！

そこで、ある幹部が何かを意図すれば、
……何かを意図するのは彼の職業だ……
知性はまず硬直し、次に停止する。

かしら右！　背骨はぐにゃぐにゃ！

そこでは、子どもは小さい拍車をつけ、
頭を分けて生まれてくる。
そこでは、市民として生まれるのではない。
そこでは、黙っている奴が昇進する。

（後略）

（エーリヒ・ケストナー、高橋健二訳「君や知る、大砲の花咲く国を？」
詩集『腰の上の心臓』より）

人々が隠し持って読むためには、詩は短い方が便利だった。執筆を禁じられた詩人がこっそり書くためにも、短い方が安全だった。ケストナーは、詩よりさらに短い、二行から四行のエピグラムを書くことを思いつき、密かに書きためていた。それらは真実を鋭く突き、人の目を覚まさせる魅力があったので、戦後には、新しい格言のようになり、人々がよく使うようになった。

善を行うこと以外に
善は存在しない。

（高橋健二訳「モラル」）

実行しなければ
善はない

（小松太郎訳「倫理」）

同じ作品だが、二訳をあげてみた。翻訳によって意味合いが少し違ってくるように思う。ケストナーは当時、人々が隠してまで自分の詩を読んでくれているとは、全く知らなかった。知らされていれば、随分励みになっただろうに、暗く沈んだ日々を送っていた。だが、よき仕事にはそんな一面がある。人は一箱のお菓子には丁重な御礼を言っても、霊的な贈り物にはお返しをしないものだ。目に見えないものや、値段がつけられないものは、天から降ってきたものであるかのように、そのまま受け取るのである。聖職者の仕事も、そうであるに違いない。天に近い仕事をする人ほど、優れた仕事をする人ほど、地上では孤独なのである。

3　災後における詩の役割

二〇一一年の東日本大震災は、大きな痛みと傷跡を地上に残した。その後も地震や洪水、台風など天災に見舞われ続ける現在は、「戦後」という命名にならうなら、「災後」と呼ぶのがふさわしいかもしれない。大震災直後から、多くの詩人たちは騒がず謙虚に、自分の務めとして言葉の仕事をし、作品を書き続けて来た。被災した詩人たちの講演や出版物も、人々の心へと旅立って行った。

その中でも、仙台市の詩人清岳こう氏の仕事は、まさに災後の癒しの仕事であった。清岳氏は教鞭を執った経験があったので、災害直後、一か月の入念な準備期間をとってから、ボランティアスクール「言葉の移動教室」を始めた。それは口コミで広がり、清岳氏は半年で四十数回の訪問をし、二百五十人の子供たちと会うことになった。依頼は様々で、進学校の保健室からの依頼もあった。進学校では、被災による遅れを取り戻そうと、それまで以上に授業を進めようとする。ついて行ける生徒たちもいたが、保健室に逃げ込む生徒たちも少なくなかったのである。他にも摂食障害、緘黙症、罵倒の言葉しか出ない子、海が迫ってくる幻覚に怯える子等、震災の後遺症を抱えた子どもたちは数えきれなかった。

清岳氏はまず子どもの話を聞き、対話をする。一緒に遊ぶこともある。そして詩を読み、書く。七十時間近く喋って、一篇も書けない子もいれば、緘黙を続け、六か月経った時に猛烈に書き出した子もいる。なぜ詩を書かせるのか、と問われたら、清岳氏は、詩人だから詩を選んだのだと答えていただろう。詩の治癒力を詩人ほどよく知り、また処方できる者はいないのである。

彼女が目指したのは、心の回復であって、詩人の育成ではなかった。書いて心の痛みを忘れてもらえばよかった。感動する詩行が書かれたとしても、それは詩人の誕生というより、傷の深さを表したものなのだと清岳氏は考えていた。

詩の言葉は生まれ続けた。小学校六年で震災の詩を初めて書いた子が、高校二年になっても書き続けていた。言葉が生命を持ち、子どもを内側から癒しながら、共に成長していったようであった。

この移動教室を終え、長い時間を経た後、清岳氏にわかったのは、被災後、一度も心のうちを表現しなかった者は、その後も何も言わなくなる、しかし、話を聞いてもらい、詩を書いた子は、再び災害が起こった時も、体験を伝えようと思い、今後も自分を表現することを続けていきたいと思っている、ということだった。清岳氏は、詩を書かせるというこのボランティアに意味はあったか、再び災害が起きた際はどうして欲しいか、という趣旨のアンケートを中学の教員にも実施してみた。教員たちからは、そんな子どもたちとは対照的に、そっとしておいて欲しいという回答が多かった。生徒が心を開いて症状が出てきた時に、対処ができない、将来の対応もわからないから、というのが理由であった。教師たちも生身の人間であり、同じく心に深刻な傷を負っていることが察せられる。教師たちも治療、救済されるべきだったのだろう。だがそれは後のことになったようである。清岳氏自身が、恐怖体験による心身の症状に苦しみながらのボランティアだったのである。

詩人がよく受けるのは「飢えた子どもを詩は救えるのか」という批判である。飢えている人間に必要なのは、経口補水液であり、消化の良い食物であり、それ以外の何物でもない。世間には無数の職業がありながら、なぜ理不尽にも詩人に非難が集中するのか。若い時は憤慨していたが、徐々に、この批判が「詩は苦しむ子どもを癒せるはずなのだから、救って欲しい」という願いを内包していることが理解できるようになってきた。

そして現在、その批判のような問いに、清岳氏の仕事は鮮やかに答えを示したのだと思われる。「傷ついた子どもの心を詩は救える」と。詩の言葉による回復の試みが、詩人によって行われたこと、そして子どもたちの心に回復の兆しが見られ、詩が書かれたこと。それらは記憶に留められてもよいのではないかと思う。

4　創作活動と癒し

社会から隔離された特殊な場所では、詩の言葉はどのような癒しであり得るだろうか。二〇〇九年、アルゼンチンの刑務所がサン・マルティン国立大学の協力を得て開いた文芸創作ワークショップについて、指導に当たったクリスティーナ・ドメネック氏が報告している（学術講演会 Technology Entertainment Design）。それによると、受刑者たちが創作講座を受講した動機は「言いたいけど言えないことや、やりたいけどできないことを、すべて紙に書き留めたい」であったという。

受刑者たちには、「できない」ことばかりであった。筆記体が書けず、活字体がやっと。高校も行っていない。詩も知らない。刑務所の中では、安心して眠ることができず、泣くこともできない。「時間」や「未来」、「願い」といった言葉は禁句である。

ドメネック氏は「できない」ことを利用した。短く力強く、わかりやすい詩を読むことから始め、詩的な表現とは、ロジックを壊して新しいシステムを作ることであると、そして、彼らが苦手な既成のロジックではなく、新しいロジック、新しい文法を作ってよいのだと彼らに気づかせた。詩の世界なら、刑務所の壁を消すことも、影の中に隠れることもできる。

詩を書く者は表現の中で自由になり、作品を作り上げた自分自身に誇りを持つことができる。誇りすなわち尊厳と自由こそ、彼らの求めているものなのだ。ドメネック氏はまた「社会から疎外されるという『傷』を繕ってくれるのが詩です」とも言っている。

受刑者たちは全員、何らかの作品を書き、皆の前で朗読し、拍手と修了書をもらった。別人に生まれ変わったような体験だったそうだ。何かをやり遂げ、拍手をもらう喜び。言葉のおかげで、彼らは尊厳を手に入れたのだ。ドメネック氏も楽しんでいるとのことで、作品集の製本も考えていると語った。創作の原点は、まず作る喜びだ。彼らが書き継ぎ、生きがいと喜びを持ち続けてくれることを祈りたい。

日本においても、受刑者の創作活動に貢献している詩人がいる。その一人にお話を伺ったことがあるが、機関紙に投稿された作品の添削や講評が主な仕事であるとのことだった。拝読すると、真面目で道徳的な作品が多く、独特の禁欲的な印象がある。自らを省みて文章を綴るうちに、到達する境地があるのだろうか。講評者にも深い人生経験がないと、勤まらないだろうと思われたが、その詩人が大量のエッセイや読書感想文、詩など全てに、心を込めて講評を書き送っていることに感服させられた。ささやかでも美点や努力を見つけて褒めるのである。機関紙に掲載されなかった受刑者にも、講評は届き、大きな励ましになっていることだろう。

本来、執筆とは自らの心の底に降りて行く孤独な作業である。詩人と受刑者の静かな言葉のやりとりは、双方の孤独を和らげるように思われた。

詩人は孤立して苦しむ人のところへ行く。詩人自身が抱いている孤独が、仲間を呼ぶのかもしれない。二〇一八年七月に亡くなった詩人、森田進氏には『詩とハンセン病』という著書があり、長年にわたるハンセン病施設での交流と、ハンセン病者の詩集評が収められている。森田氏は死からの再生と魂の癒しが彼らの作品の最大の主題であると述べている。

らい予防法の強制隔離政策によって、病者は大きな苦しみを背負っており、それだけ多くの救いを必要とした。尽力した詩人は少なくないが、全国のハンセン病者の詩を編集出版し、ハンセン病史の年譜を作成した大江満雄氏の仕事も貴重なものと思う。

5 「イエス様のいす」

約一年前から、私は或るキリスト教誌の投稿欄の選者を務めている。寄せられる詩のテーマは、やはり信仰にまつわるものが多く、神との出会い、恵み、小さな気づき、などが印象深い。喜びや賛美の言葉がある一方で、病気や老い、死別の悲しみの声があり、それぞれが心に痕跡を残して行く。気がつくと、原稿の山を前に、すべての人が救われて幸福になりますようにと祈るようになっていた。

約十年前のことになるが、一般社団法人日本詩人クラブの機関誌『詩界』の編集委員だった頃、会員にアンケートを実施し、巻末にその回答を載せていたことがあった。「詩を書いていきたいのですが、どうすれば、よい詩が書けるでしょうか？　と二十歳くらいの若者に訊ねられました。さて、何とアドバイスしますか？」という質問をした時には、活躍中の詩人たちの個性を反映した詩作法が並び、興味深かった。が、中に驚かされた回答が一通あった。

「古典と言われる本を多く読むこと、それは詩に限定しないこと。言葉の音感やイメージについても、具体的な作品（名作と称するもの）を通じて学びとる必要があります。また、一方においては、自分の身体をつかってどんな労働にも積極的に取り組むこと。美しいものをみること、体験すること、願わくばいのちあるものの一瞬の光をみること、他者の幸せを祈ること。どう生きても一度きりの人生。その人生をふかく生きていきましょう。詩は、そんな日々の日記から生まれてくることでしょう」（北畑光男　全文）。

深く生きることから、詩は生まれる。北畑氏の詩的な文章が示唆するのは、読書と労働と祈り、それをおそらく日課にすることである。美を求め、生命の恩寵を捉えることを含め、すべてがもはや聖性の領域に思われる。当時の私には、他者の幸せを祈ることの意味がわからず、驚くばかりだった。詩人といえど、厳しい競争社会である。生き残ることに必死だったので、ライバルである他人のために何かするなど、とんでもないことだと思ったのである。

たくさんの投稿作品を前にして、他者のために祈っている自分に気がつく。北畑氏の言葉に感動してから、十年以上の歳月を歩いて来ても、まだ小さな自分である。先輩のアドバイスに従うのに、長い時間がかかってしまった。だが私を祈らせたのは、一篇一篇に深い人生が込められている、人々の詩でもあった。

玄関に一つのいすが置いてある
いつイエス様がいらしても良いように
イエス様には
いすは必要ないかもしれない
でも毎日毎日いすを拭いて
おいでになるのを心の中から
お待ちしています

信徒のみな様も
同じ気持ちでしょうきっと。

（津島敦子「イエス様のいす」岡山県）

小さな教会か聖堂のある施設だろうか。イエスが来られたときのために、玄関に椅子がおいてあるというのである。人々が集まって祈る時、主はそこにおられる、と信じていても、肉体を伴って訪れて来られるとは、普通の大人はまず思わないような気がする。玄関扉を開けて入り、受付の人が出てくるまで、長旅で疲れた足を休めるために、椅子に腰掛けるはずだ、とも考えないだろう。

四、五歳の頃だったか、守護の天使の存在を教えられて、心強く思った記憶がある。同じ年頃の親友ができたように嬉しく、寒い冬には、布団を半分空けて一緒に寝た。暖房具もなしで夜間に凍えては気の毒だと思ったわけだが、天使は霊的な存在だと、ちゃんと認識していたのだから矛盾している。幼い子どもには、人間の友達だけでなく、実体がないからこそ親しさが増す想像上の親友がいてもよいのではないだろうか。自分の成長に必要なファンタジーの一つであったのだ、となつかしく思い出される。

この詩の作者が、幼な子の無垢な心を持ち続けていることに、深い感動を覚える。椅子を毎日拭き清めるのは、神聖な場を整える儀式のようであり、親しい人をもてなすための掃除のようでもある。その両方を同時に満たしているのだから素晴らしい。この建物の中に、人間的な愛情が豊かに溢れているように想像されるのである。この作者も人一倍、思いやりや優しさを持っている人なのだろう。

この詩を読むと、失われた無垢な心を思い出す。かつては、無力ではあっても悪意なき者であったことを、そして、社会の強者の立場になりながら、魂はやはり無力であることを省みさせられる。詩は魂の無力な部分に、ただ触れて過ぎて行く。それだけで癒されることもある。

6　祈りと詩

癒しとしての詩を考えると、どうしても祈りとの深い結びつきに行き着く。

かみさま、どうぞ　ちいさなものたちを　おまもりください。
まだ　はねのはえていない　ひなたちを。

おおきくなって　つばさを　ひろげ
おおぞらを　おもいのままに　とべるまで。

どうぞ　ちいさな　たねたちを　おまもりください。
もりの　したくさの　かげにいる　ちいさな　たねたちを。
えだを　のばし　はっぱを　しげらせる　きのように。
おおきく　なるまで　おまもりください。

どうぞ　ちいさな　あめつぶを　おまもりください。
いとの　きれたびーずのような　あめつぶを。
たくさんの　ぎんのしずくが　ひとつになって　かわになり
おひさまの　ひかりを　あびて　ながれるまで。

うまれたばかりで　めぇめぇないている　ちいさな　こひつじを、
よろめきながら　たちあがる　ちいさな　こうまを　おまもりください。
そのほかの　ちいさな　いきものたち　すべてを　おまもりください。

つよくなって　ひとりで　しっかり　たてるまで。
そして、どうぞ　よる　ねるまえに　ひざまずいて
あなたに　おいのりする　こどもたちを　おまもりください。
この　ちいさな　いのりを　どうぞ　おこころに　とめてください。
あなたの　おまもりを　ねがう
おおきなものたちの　いのりと　おなじように。

（エリナー・ファージョン「ちいさなもののいのり」）

エリナー・ファージョンはイギリスの童話作家で、詩人でもある。父親も小説家であり、エリナーは知的な家庭で、ただ学校には通わずに育った。どこか世間を離れた幼い子どもや清らかな心を持つ人物が、ファージョンの物語にはよく登場する。

この祈りは韻を踏んだ四行連詩であり、このように祈りが詩文で書かれていることは少なくない。最もよく人々の心に刻まれている祈りは、旧約聖書詩編二三ではないだろうか。人が死の陰の谷に近い時、この詩篇を思い出すようである。

一九八六年に、スペースシャトル、チャレンジャー号が発射後わずか七三秒で空中分解を起こし、七名の乗組員全員が亡くなったという事故があった。確かに大きな事故ではあったが、コックピットが海面に激突して大破するまでの七分間のボイスレコーダーの記録があるということで、いまだに関心を持つ人々がいるようだ。

都市伝説とは「本当にあった話」だとして伝わる現代の怪談で、妄想と恐怖を原材料にしている割には、人間の真実を突いていて興味深い。チャレンジャー号の都市伝説では、乗組員はあらゆる手を尽くした後、詩編の二三を唱え、主の祈りを口にしたことになっている。リアルな細部までよくできた話で、生死の極限状態に置かれた人間は神に祈る、そして祈りの力は信じられている、ということが強く伝わってくる。現代都市の暗部を覗くようなストーリーが多い中で、この話は人の崇高さを表して、聞く者の心を洗う。

詩編二三は一五〇編の中でも、魅力のある詩の一つで、まず第一連の草原に休む白い羊と清らかな泉、気高い羊飼いである主という美しいイメージが、心を聖なる世界に連れて行く。主を守りとして、人が自分の魂を置くのは、このような世界なのだろう。

人が最も癒されるのは、祈る時ではないだろうか。なぜなら祈りは叶えられるからである。自分が望んだ通りではなくても、あらゆる他の方法で、その人の祈りは叶う。

私たちは癒されていく。詩によって、祈りによって。そして世界を癒していく。詩の力で、祈りの力で。

禅仏教における「癒し」の風景

花園大学名誉教授・元学長　西村　惠信

一　禅仏教に馴染まない「癒し」

仏教には「癒し」という言葉はない。だから仏教徒が癒しという語を聞くと、「誰かによって」とか、「何かによって」とかいうように、自分以外のものによって癒されることとなってしまう。仏教では、苦悩からの解脱《げだつ》（解放）は、どこまでも自分自身のやり遂げるべき課題であり、自分以外の他者によって苦しみから解放されるということは、たとえそれが一時的な解決とはなり得ても、根本的な解決にはならないと説く。

もとより仏教徒である私も、いかにして人間を幸せに導くかという、宗教の根本的な課題の上に成り立っている宗教の一つである以上、キリスト教に於いて「癒し」ということが、いかに信仰生活の上で究極的に求められている主要な課題であるか、ということについては十分に理解することができる。

ただ、仏教では、キリスト教のように万物の創造主である神のような絶対的な超越存在を持たないから、人間の苦しみという問題の解決（癒し）についても、他の力に頼むことができない。したがって人間の苦悩は、人間自身によって解決される他はないとされるのである。もとより仏教のなかにも浄土教系の信仰のように、自分では癒しがたい苦しみの救済を、阿弥陀仏のような絶対他者に願うものもある。このことは人間の要求として、きわめて自然のことであろう。したがって浄土系の仏教では、他力本願こそが救済の決定的根拠であって、罪業深き人間はその点で、まったく無力であると説いている。

この教えについても、私は何らの異論もない。むしろ人間の弱さとか罪の深さとかを自覚の根本とする浄土教に、宗教一般の視点から言って、深く反省的あるいは良心的なものがあることに、私も深く肯いている。

ただ、私は自力救済の立場に立つ禅僧であるから、自己を苦悩から「解脱」せしめる根拠は、自己以外にはありえないという、揺るぎなき確信をもって生きているのも事実である。結論的に言えば、自分を苦悩から救うためには、自分の脚下に潜んでいるもう一人の超越的な自己（これを「父母未生以前、本来の面目」という）によるほかはないという固い確信によっていることは、他の諸宗教と一線を画する点であるといえよう。

二　苦悩からの解脱としての悟り

がんらい禅宗は、他の仏教宗派が、仏陀の説かれた四十五年の教説の一つを、あるいは特定の経典について祖師の示された論著を、一派成立の根拠とする、いわゆる「教宗」であるのに対し、自らの宗派を「仏心宗」と呼んで、判然と区別している。

仏心宗という言い方は、二五〇〇年前、仏陀が菩提樹の下において大覚（悟り）を得られ、人間が普遍的に内包している苦悩からの解脱《げだつ》（絶対的自由）を成就されたという根本体験を、自己の身上において追体験することを目的とする一派であることを示している。

仏陀は菩提樹の下で悟りを開いた後、鹿野園《ろくやおん》という公園に行って、五人の比丘（弟子）たちのために、自分が自覚した悟りの内容を披瀝された。これを「初転法輪《しょてんぽうりん》」（初めての説法）という。仏陀はこの初めての説法において、真っ先に「四諦八正道《したいはっしょうどう》」というものを説かれたのである。そのことを伝える『転法輪経』という経典の一部を引用すれば、つぎの如くである（『仏教聖典』、二〇一一年、仏教伝道協会刊参照）。

この人間世界は苦しみに満ちている。生も苦しみであり、老いも、病も、死もみな苦しみである。怨みあるものと会わなければならないことも、愛するものと別れなければならないことも、また求めて得られないことも苦しみである。まことに、執着を離れない人生はすべて苦しみである。これを苦しみの真理（苦諦《くたい》）という。

この人生の苦しみが、どうして起こるかというと、それは人間の心につきまとう煩悩《ぼんのう》から起こることは疑いない。その煩悩をつきつめていけば、生まれつきそなわっている激しい欲望に根ざしていることがわかる。このような欲望は、生に対する激しい執着をもととしていて、見るもの聞くものを欲しがる欲望となる。また転じて、死をさえ願うようにもなる。これを苦しみの原因（集諦《じゅったい》）という。

この煩悩の根本を残りなく滅ぼし尽くし、すべての執着を離れれば、人間の苦しみはなくなる。これを苦しみを除く真理（滅諦《めったい》）という。

この苦しみを滅ぼし尽くした境地に入るには、八つの正しい道（八正道《はしょうどう》）を修めなければならない。

八つの正しい道というのは、正しい見解、正しい思い、正しい言葉、正しい行い、正しい生活、正しい努力、正しい記憶、正しい心の統一である。これらの八つは欲望を滅ぼすための正しい道の真理（道諦）といわれる。

これらの真理を人はしっかり身につけなければならない。というのは、この世は苦しみに満ちていて、この苦しみからのがれようとする者は、だれでも煩悩を絶ち切らなければならないからである。煩悩と苦しみのなくなった境地は、さとりによってのみ到達し得る。さとりはこの八つの正しい道によってのみ達し得られる。（中略）

この四つの聖い真理が明らかになったとき、人は初めて、欲から遠ざかり、世間と争わず、殺さず、盗まず、よこしまな愛欲を犯さず、欺かず、そしらず、へつらわず、ねたまず、瞋《いか》らず、人生の無常を忘れず、道にはずれることがない。

道を行うものは、たとえば、燈火《ともしび》をかかげて、暗黒の部屋に入るようなものである。闇はたちまち去り、明るさに満たされる。

道を学んで明らかにこの四つの聖い真理を知れば、智恵の燈火を得て、無知の闇は滅びる。

私は単にこの四つの真理を示すことによって人々を導くのである。教えを正しく身に受けるものは、この四つの聖い真理によって、はかないこの世において、まことのさとりを開き、この世の人びとの守りとなり、頼りとなる。

それは、この四つの聖い真理によって、あらゆる教えに達し、すべての道理を知る智慧と功徳とをそなえ、どんな人びとに向かっても、自在に教えを説くことができる。

これがブッダの根本的な教えであり、強いていえばこれがキリスト教に於ける「癒し」にも相当するであろうか。比較するには無理があるかも知れないが、以下に敢えて仏陀が初転法輪において説かれた「四諦」にしたがって、人間の本質としての苦悩から、苦悩を脱するに至るプロセスを辿ってみようと思う。

仏伝によれば、マガダ国の王子であったシッダールタ太子（若き日のブッダ）は生来、予言者によって見抜かれるほどの宗教的天分に恵まれていた。彼の出城を危惧した父王は、王子が人生における苦悩に目覚めぬよう、できる限りの快楽によって太子の眼を覆った。

しかるにシッダールタの内省は、そのようなことに惑わされるほど浅いものではなかった。ある日、彼は東の城門から出遊して、初めて老人というものに出会い、人間が例外なく老いていく事実を知り、眼を背けたという。後に「悟れるもの」となった仏陀は、そのような真実に眼を背けた若き日の自分の無知を羞じている。

またある時、彼は南の城門を出て病人に出逢い、病いの避けがたき真実を知り、さらに人間存在の苦悩についての内省を深くした。

さらにまた、西の門を出ては死者の弔いの列に遭い、生ける者の避けがたき死の事実を知るにいたった。こうして彼が絶望の際にあるとき、北の門を出て威風堂々たる沙門《シャモン》（バラモン教の修行者）に出逢い、その苦悩を超越した姿に憧れることになったのである。これらの出来事こそシッダールタ太子が王位を捨て、城を出る機縁となったことを伝える「四門出遊の教え」である。

三　苦悩の原因としての「無明《むみょう》」

二十九歳で出城したシッダールタは、当時のバラモン教の修行者に倣って、苦行林に入り、六年のあいだ肉体を死の際まで追い詰め、苦悩からの脱出を試みたが、これは人間のなすべき道ではないとして、三十五歳のとき、苦行を捨てて山を降りた。

いったい苦行というものは、アーリア民族特有の身心二元論に基づくもので、身体を苦しめることによって精神の自由を得ようとする発想は、同じアーリア民族の流れを汲むプラトンの理想主義などに共通している、と私は考えている。

したがってバラモン教は、その説く「二道五火説」に見られるように、どこまでも輪廻転《りんねてん》生《しょう》の苦しみを繰り返す祖先の道を脱するために、ヨガの実践によって神と合一し、死後は天に生まれる神の道に入ることを願う理想主義であった。

シッダールタはこの理想主義を捨て、人間の持つ根本的な苦悩を、この現実の世界の只中において解決する道へと、発想の転換を計ったのである。現代風にいえば、理想主義から実存主義への超越ともいうべき、完全な方向転換である。

苦悩の現実から逃避して得た相対的な安らぎは、また苦悩へと転落する可能性を含んでいるとシッダールタは考えた。そうではなくて反対に、現実の苦悩を現実の苦悩の只中で超越する「絶対的超越」ともいうべき安らぎは、苦悩を内包した安らぎであるから、もはや再び苦悩へと転落する可能性はないという、実に実存的超越とも言うべき発想の転換であった。

苦行の山を降りたシッダールタは、まず尼連禅河という河で沐浴をした。沐浴とは水浴びをして痩せ衰えた身体を養うことである。さらに村の娘スジャータの捧げる乳粥を受け、食されたのである。若き日、出城していくシッダールタ太子に従い、六年間の苦行をともにした五人の従者たちはこれを見て、太子はいまや堕落したと考え、太子の下を去っていったという。

今日言うところのブッダガヤの菩提樹の下に行って、深い禅定に入られたシッダールタ太子は、「十二因縁《じゅうにいんねん》」を順観、逆観された。十二因縁とは、人間存在に根付いているもっとも深い苦悩の内容を「老死」に見た太子が、十二の系列を辿って、その究極が「根本無明《こんぽんむみょう》」にあると諦観されたことである。無明《むみょう》という語の示す通り、「真実について無知である」ということこそが、あらゆる人間的苦悩の根源であるということである。

この深い自覚によって、シッダールタ太子は、「仏陀《ぶつだ》」（悟れる者の意）となられたのである。このように無知からの覚め、あるいは現実の苦悩に対する「覚悟」こそ、仏教に於いて説かれる癒しの内容である。

四　人間存在の苦悩と克服

こうして仏教に於ける癒しは、人間として生きるために立ち向かうべき苦悩に正しく向き合う「開眼」こそ、苦悩から解脱する唯一の道であり、これを得たものが「仏」（覚めたるもの）と言われるのである。このように、自らの無知に目覚めたる者は、全て仏となる。否、そもそも迷い苦しむことじたいが、仏となるための唯一の根本条件であるといえよう。

これを禅では「迷悟一如」という。言うまでもなくこれは、迷いから悟りへの移行ではない。迷いを伴わない悟りはないのであって、悟りは迷いの只中になければならないのである。悟りに酔ってしまえばそのまま迷いであるから、このような癒しには油断があってはならない。「正念相続《しょうねんそうぞく》」とは、迷いの只中にある悟りを、手放さないように持ち続けることを示す語であって、悟りが単なる安らぎであってはならないことをいう。

人間の苦悩が、存在の根底に根付いているとすれば、生涯そこから逃れることはできない。

すなわち人間であることは、常に苦悩とともにあるということである。悟りを得られたブッダが、「初転法輪」（悟りの内容を初めて口にされたこと）で説かれた内容は、「四諦八正道《したいはっしょうどう》」と呼ばれている。

先に述べたように四諦とは、「苦」、「集《じゅう》」、「滅」、「道」という四つのことわりをいう。その第一の「苦諦」の内容を見ると、「生・老・病・死」という四つの苦しみと、「愛別離苦《あいべつりく》」、「怨憎会苦《おんぞうえく》」、「求不得苦《ぐふとくく》」、「五蘊盛苦《ごうんじょうく》」の四つの苦しみを合わせて「四苦八苦」である。「集諦」は、苦しみの原因を追求してその根源の「無明《むみょう》」に至る十二のプロセスであり、このことは先に述べた。「滅諦」は一切の無明煩悩《ぼんのう》が滅することで、これを涅槃《ねはん》と言う。涅槃の原語ニルバーナは、火が消えて涼しい風の吹く状態を言うのであるから、これぞ癒しというべきではなかろうか。「道諦」は八支聖道とも言われるように、悟りの世界に於ける更なる修行法である。

その実践内容は、「正見《しょうけん》」（正しい見解）、「正思惟《しょうしゆい》」（正しい意思）、「正語《しょうご》」（正しいことば使い）、「正業《しょうごう》」（正しい身体的行為）、「正命《しょうみょう》」（正しい生活）、「正精進《しょうしょうじん》」（正しい努力）、「正念《しょうねん》」（正しい意識）の八正道である。したがって「癒し」に比すとはいえ、生涯にわたって持続するには、精進努力を欠くことは許されない。

五　世界もまた苦悩の原因である

仏教に於ける苦悩と癒しについては、おおよそ以上の如くであるが、ブッダは人間および一切の「有情《うじょう》」（感情や意識を持つ生き物）を取り巻いている大自然（これを「器世間《きせけん》」と呼ぶ）についても、独得の世界観を説いている。

言うまでもなく自然界そのものには、癒しということはないであろうが、仏教では人間が世界に対して持つべき態度において、癒しのプロセスにも相当するような教えが説かれる。これらは「四法印《しほういん》」（または三法印《さんぼういん》）と呼ばれる仏教の基本的な教えである。もっともこの教えは原始経典にはみられず、ブッダの教えを後にまとめたものだと言われている。

「四法印」とは、「諸行無常《しょぎょうむじょう》、諸法無我《しょほうむが》、一切皆苦《いっさいかいく》、涅槃寂静《ねはんじゃくじょう》」の四句を言い、一切皆苦の一句を除いて「三法印」ともいう。

先ず第一の「諸行無常」であるが、諸行とは眼に見えるすべての現象するものをいうのである。これらは例外なく生滅変化していくものであるから「無常」と言われる。あたかも流れる水のごとく、ひとときも止まることなく生滅変化していくことである。

この自分の肉体もまた、ひとときも同じものでありえない。身体の場合、その変化は眼に見えるほど速やかではないが、いつのまにか老死に向かって進んでいる事実は、誰もこれを否めないであろう。

ジャン・コクトーであったか、「人生は水平方向に落ちていくことである」と言っている。この無常の流れは水平方向への流れではない。常に下降して行くのであるが、人はそれに気付かず、昨日も今日も、そして明日もまた同じ事の繰り返しであるが如くに錯覚している、という箴言《しんげん》であろう。

この事実を楽しみ喜ぶ人は誰もいない。むしろこの事実を前にして哀しみ、苦しむほかはないのである。いわば、無常の事実はわれわれにとって、苦悩の根源なのである。同時にまた無常という事実は、それに目覚めさえすれば、われわれ人間を、執着《しゅうじゃく》という苦しみから解放させる契機ともなる、という積極的意味をも含んでいるであろう。

次に四法印の第二は、「諸法無我」である。諸法とは自分を取り巻いている世界の一つ一つの存在である。どのような存在であれ、たとえ岩のような固い物であれ、縁によって成り立っているのであって、存在の中に存在の根拠となるような実体的なものは無いということである。古代インドのバラモン教では、宇宙そのものが成立しているのはその根拠としての「梵」（ブラーマン）があるからであり、世界内の一つ一つの個物にもまた、それぞれの存在根拠としての「我」（アートマン）が含まれている、と考えられていた。バラモン教修行者の理想は、ヨガの実践によって自分の我と宇宙の梵を結びつけ、死後は天に生まれることであった。ブッダはそのような形而上学的な理想主義を否定して、「諸法は無我である」と説いたのである。

ユダヤ－キリスト教においても、宇宙成立の根本である神は永遠不滅の実体であり、したがって神の被造物である世界内の個々の存在にも実体的な神性が宿っていると説いている。ところがブッダは、そのように実体的なものはすべて否定されたのである。「釈迦は形而上学を否定した」と言われるのは、まさにそのことである。

では世界はどうして成り立っているのかというとブッダは、存在するものはすべて「縁《えん》」に依って成り立っているに過ぎない、と説いたのである。したがってあらゆる存在は一瞬一瞬変化しているわけであり、現代風にいえば、存在は時間であるということになる。ブッダはわれわれ人間存在と、それを取り巻く一切の存在は、動植物はもとより鉱物に至るまで、そのように不安な存在に過ぎない、と説いているのである。

このようにして、あらゆる現象が無常であり、あらゆる存在は無我であるということになると、永遠や不滅を願う人間にとって、この世界に生きるということ自体、苦しみ以外の何ものでもないということになるであろう。ブッダはこれを四法印の第三に、「一切皆苦」と説かれたのである。

ブッダによれば、そのような過酷な現実に由来する人間的苦悩から解脱する唯一の方法は、この世界と存在の動かしがたい事実について、正しい智恵（認識）をもつ以外にはないと説いたのである。仏教でこの正しい認識のことを「覚悟」とか「悟り」と呼んでいることは、周知のところである。

こうして得た安心の境地が、四法印の第四に説かれている「涅槃寂静」である。涅槃はサンスクリットでニルバーナといい、燃えさかる火が消えることを意味している。世界の真実について余りにも無知であり、そのために苦しむわれわれは一日も早く、この世界の無常と無我の真実に目覚めて、静かな涅槃の安らぎを得なくてはならない。これが仏教に於ける癒しのすすめである。

六　自助努力なき癒しはない

先に述べたように仏教諸派は、それぞれが依って立つ特定の経典を宗派成立の根拠としている。したがって各宗の祖師たちは、それぞれの所依《しょえ》の経典に対して自己の見解を述べる。それが論註《ろんちゅう》と言われるもので、経典とともに大切な信仰の拠り所である。信徒はこれを学び、自己の信仰の縁（よすが）としている。だからこれらの宗派を「教宗《きょうしゅう》」と呼ぶのである。

これらに対して禅宗は、「不立文字《ふりゅうもんじ》、教外別伝《きょうげべつでん》、直指人心《じきしにんしん》、見性成仏《けんしょうじょうぶつ》」を標榜し、自らを

「仏心宗《ぶっしんしゅう》」と呼んでいるのは先に述べた通りである。寄る辺とするものは、仏の教えではなくて、仏の心であり、この宗派に属するものは、ブッダの見いだした安らぎの心を、自己の身上において追体験することを信条としている。

したがってこの宗派の伝達は、仏の教えを師から弟子へと、直接に伝達することはできない。一人一人が身の上においてブッダの悟りを「追体験」しなくてはならない。したがって師は弟子の求めに対しては伝達を拒絶する。拒絶して弟子を自分自身に向かわせる。こうして弟子は自己の根底にブッダの見いだした真実を発見するのである。これをキェルケゴールに倣って、「真理の間接伝達」と呼ぶことができよう。

次に挙げる「香厳撃竹《きょうげんげきちく》」の話（わ）は、その典型的な一例であろう。中国は唐の時代、香厳智閑《きょうげんちかん》という修行者が居た。彼は真実の自己（これを禅宗では「父母未生以前《ふぼみしょういぜん》、本来《ほんらい》の面目《めんぼく》」という）を求めて、潙山霊祐《いさんれいゆう》という高徳の禅僧を訪ね、その門を敲《たた》いたが、潙山は何も教えなかった。香厳はあらゆる書籍を探索したが、答えらしきものを見いだせず、泣いて潙山の道場を去った。

その後彼は南陽に到り、慧忠国師《えちゅうこくし》の遺跡に留まっていたある日、庭の掃除をしていてゴミを捨てたとき、石が竹に当たって音がした。その音を聴いたとたん、香厳は真実の自己を発見したという。彼は敢えて教えてくれなかった潙山に向かって礼拝し、あの時もし何か教えて頂いていたならば、どうして今日の歓びに出逢うことができたであろうかと、感謝したという。

この話に見られるように、禅宗に於ける安心立命《あんじんりゅうみょう》はどこまでも、自己自身による問題意識と、血の滲むような修行によってのみ可能であり、決して他者によって教えられるものではないというのが禅の本命である。要するに禅に於ける癒しは、決して他者に依って与えられるものではなく、どこまでも自己の問題追及の結果として、自己自身の努力によって自づから与えられるものである、と教えているのである。

七　癒しの方法としての坐禅

癒しに相当する禅語を求めれば、「安心立命」がそれに当たるであろう。安心（あんじん）は文字通り心を安んじることであり、それを求める心の状態が「不安」ということになるであろう。一般に苦しみといえば身体的苦しみと精神的苦しみがある。あるいは社会的な苦しみということもあろう。

そして不安と言えば、一般的には精神的な苦しみを意味するであろう。そして宗教で言う癒しは言うまでもなく精神的な不安からの解放であり、禅ではそれを安心立命というのである。

ここで徳川時代に生きた白隠慧鶴《はくいんえかく》という禅僧が民衆のために平易に書いた『坐禅和讃《ざぜんわさん》』という俗謡を紹介して、坐禅に於ける癒しの方法を紹介してみよう。

衆生本来仏なり　水と氷のごとくにて
水をはなれて氷なく　衆生の外に仏なし
衆生近きを知らずして　遠く求むるはかなさよ
たとえば水の中に居て　渇を叫ぶがごとくなり
長者の家の子となりて　貧里に迷うに異ならず
六趣輪廻《ろくしゅりんね》の因縁は　己れが愚痴の闇路なり
闇路に闇路を踏そえて　いつか生死を離るべき
夫《そ》れ摩訶衍《まかえん》の禅定は　称嘆するに余りあり
布施や持戒の諸波羅蜜《しょはらみつ》　念仏懺悔《さんげ》修行等
其の品多き諸善行　皆この中に帰するなり
一坐の功をなす人も　積みし無量の罪ほろぶ
悪趣《あくしゅ》いずくに有ぬべき　浄土即ち遠からず

辱《かたじけ》なくも此の法を　一たび耳にふるる時
讃嘆随喜《さんたんずいき》する人は　福を得ること限りなし
いわんや自ら回向《えこう》して　直に自性《じしょう》を証すれば
自性即ち無性《むしょう》にて　すでに戯論《けろん》を離れたり
因果一如《いんがいちにょ》の門開け　無二無三の道直《なお》し
無相の相を相として　行くも帰るも余所《よそ》ならず
無念の念を念として　謡うも舞うも法の声
三昧無礙《さんまいむげ》の空ひろく　四智円明《しちえんみょう》の月さえん
此の時何を求むべき　寂滅現前《じゃくめつげんぜん》するゆえに
当処即ち蓮華国《れんげこく》　此の身即ち仏なり

長い引用になったが、臨済宗では日常、僧俗一体になって、木魚の音に合わせてこの讃歌を唱えるのである。

「衆生本来仏なり」から「いつか生死を離るべき」までは、われわれ人間がもともと仏と寸分変わらないのに、それに気付かないで自分以外のところを求める愚かさを言う。そのために迷いの闇路を歩いているのは愚の骨頂ではないか。そのようなことでは、いつまで経っても苦しみを逃れることはできまい、というのである。

「夫れ摩訶衍《まかえん》の禅定は」から「浄土即ち遠からず」までは、坐禅の素晴らしさを述べたもので、坐禅こそはあらゆる仏教の修行のなかで、もっとも優れたものであることを説いている。坐禅さえ組めば底知れない罪業《ざいごう》はなくなり、地獄を脱出して浄土に生まれる日は遠くないというのである。

次の「辱《かたじ》けなくも此の法を」から「すでに戯論を離れたり」までは、坐禅の功用を述べたもので、坐禅さえすれば自分の中身は無我だったことが分かり、執着していた自我など吹っ飛んで、馬鹿な話なんかどこかへすっ飛んでしまうぞ、というのである。

最後の「因果一如の門ひらけ」から「此の身即ち仏なり」までは、悟りの風景とでもいうべきもので、これこそキリスト教に於ける「癒し」に相当するものであろう。少し詳しく読んでみることにしよう。

八　癒しの風景

まず「因果一如の門」が開かれるとはいかなることであろうか。仏教の説く因果は、いわゆる原因と結果である。われわれは常に何事に於いても、いったいこんなことになるのは、何が原因であったのかと、原因探しに大童である。その根本にはこういう原因があればこういう結果が生まれるという、一種宿命論的な発想を持っており、そういう発想を持つために、あれこれと随分迷い苦しんでいる。

そういう苦しみから解放されるためには、いちどこの「因果論」というものを止める必要がある。そして「因と果の関係性」を解かなくてはならない。そして因と果はもともと別物ではなくて一つのものだという、別世界への門を開かなければならない。原因を求めたり、結果をみて喜んだり悲しんだりするのではなく、現在のこの瞬間にある事実だけを直視するのである。

どうしてこんなに綺麗な花が咲いているのだろうとか、やがてこの花も散ってしまうことだろうとか、要らざる心配を止めて、只今の美しい花を眺めればよいということであろう。そういう心持ちの転換が起こることを、白隠は「因果一如の門ひらけ」といったのではないか。そこにはもう二とか三とかいう相対的な差別のない「無二無三のまっすぐな道」が通っているというのであろう。

普通われわれは、自分や周りの世界に対して、自分中心の見方をしている。たとえば一輪の花を見て、「これは赤くて美しい小さなチューリップだ」と思う。しかし「赤い」とか、「美しい」とか、「一本の」とか、「チューリップ」とかは、それをみた人の主観であって、そこに咲いている「それ」とは、何の関係もないのである。

世界に二つとない「その花の無相なる真実」を見なければならない。その上で初めて花の色を言ったり、花の大きさを測ったり、美しいという価値を付けたりすればいいのである。それが白隠のいう「無相の相を相として」ということであろう。

そうすればもう一本のチューリップも、他の人たちが見ているチューリップではなくて「私に向かって咲いているチューリップ」となり、こうして世界中のものがすべて、私とともに生きているものとなり、私とチューリップの世界が一つになるであろう。それを白隠は「行くも帰るも余所《よそ》ならず」と謡《うた》ったのであろう。

だから私たちは、そのような花の「相《そう》」に捉われないで、先ず花そのものの持っている、そういう世界に住むならばもう、あれはスミレだ、これはチューリップだ、あれは大きいこれは小さいというような観念を持つことなく、只だ無心に眺めれば良いということになる。そうすれば毎日の生活は「謡うも舞うも法の声」で何の理屈もなく、楽しさいっぱいの日々になるであろう。これが禅の生活における「癒し」でなくて何であろう。

そういう生き方ができれば、世界は自ずから極楽浄土となる。そして何の妨げもない、カラリとした大空に、悟りの智恵を象徴するようなお月様が煌々と冴えわたるであろう。そういう世界になれば、それ以上何を求めようというのか。この世界が極楽浄土そのものであり、この自分さえが仏様ではないか。そういう世界の有り様を、白隠禅師は、「三昧無礙の空ひろく、四智円明の月冴《さ》えん。此の時何をか求むべき、寂滅現前するゆえに、当処即ち蓮華国、此の身即ち仏なり」と謡われたのである。

あとがき

二〇一八年の夏は、異常気象のせいか、三五度を超える猛暑日が連日続いた。問題は気象学的な分析ではなく、なぜこうした天候が生じるのだろうか、という問いかけではないだろうか。人間は、自然の子であるが、自然の支配下にある生物ではない。

神の似像として、自然の中に生きながらも、自然を超越している存在である。その人間の意識というか、魂や心（精神）の創造的なエネルギーが、自然界の現象に影響を与えているといえるのではないだろうか。

わたしは戦後、一九四九（昭和二四）年に新制高校の一期生として卒業したが、すぐに出版界というジャーナリストの世界で仕事をすることになった。当時は、GHQ（マッカーサー総司令部）の占領下で、マルクシズム、共産主義が荒れ狂い、日本の伝統な文化や伝統などが否定されていた。それに憤慨したわたしは、神と主イエス・キリストを信じ、洗礼間際であったが、キリスト教徒になる決心をしていた。そして、人類を不幸にし、地獄に引きずり込むサタン（悪霊）の活動に対し、霊的戦いを挑むことにした。

唯物論や無神論や啓蒙主義（理性至上主義）という反宗教的、反霊魂的な思想（考え方）が、経済至上主義的な物質主義を生み出したのではないだろうか。そういう思念や感情や欲望が、宇宙の秩序を狂わし、天災や人災を惹き起こしていると考えるのは妄想だろうか。

ただ、これだけは主張しておきたい。福音信仰の立場から言うが、人は愛と中庸とモラルを生き方の根本において生き、活動してこそ、自分自身だけでなく、周囲の人々や環境をも癒し、救うことができるということである。また、世界に真の平和と繁栄をもたらすことができるということだ。これが宇宙の法則であり、それを指し示しているのが、真の宗教なのである。

批判はこのくらいにして、今夏の休みの一時、教会の友人たちと富山県の魚津市にある黒部宇奈月温泉に行った。そして、その町にある金太郎温泉に投宿した。この旅館の由来が面白い。創業者の石黒七平は、子どものときから虚弱体質で、病気がちだったという。あるとき、偶然に温泉を発見したので、掘って入ってみたところ、すこぶる健康になって、金太郎のようになったという。それで、ここに金太郎温泉という旅館を創めたというのである。確かに、ロビーにある創業者の胸像を見ると、金太郎にそっくりであった。ここの温泉は不思議で、硫黄泉と塩（ナトリウム）泉の両方が、天然の温泉として湧き出ているのである。また、創業者は、岩風呂が好きで、立派な岩で浴槽が造られている。健康と癒しのためには、温泉に入ることもお勧めである。

また、温泉に浸かりながら、地方を創生するためには、それぞれの地域にある天然、自然の資源をいかに人々の利益に役立てるかを考え、利用することではないかと思った。地方には、眠っている資源がいっぱいあるのだ。山々や海や川の自然、山海の珍味、景観、食物、さまざまな郷土作品など、大いに観光客を利する産物があるのだから、地元の人々は、創意、工夫をもって郷土の振興をはかるべきではないだろうか。

最近、ドクター石原結實先生の著書、『死んだらどうなる――霊やあの世を「気」で解説』（ビジネス社、二〇一八年）という書物を読んだ。大変、興味深く、しかも科学者として実証的でありながらも、「気（スピリット）」という生命現象のはたらきについて、わかりやすく語っておられる。その著書の中に、面白い事例があったので、紹介しておきたい。一つは、放射線医学の世界的な権威である山下俊一教授が、福島市でなさった講演の一節である。「放射線の影響は、実はニコニコ笑っている人にはきません。クヨクヨしている人にきます」という言葉である。著者はこれに関し、「排泄現象は副交感神経の働きによって行われるが、ニコニコとリラックスした副交感神経優位の状態で、『放射性物質』も人体から多量に排泄されるのである。逆にイライラしたり、怒ったり、クヨクヨしたりして交感神経が緊張状態では、排泄現象が減弱し、放射線物資の排泄も悪くなる」（本書、四四―四五頁）と説いておられる。また、本書には、かつてのロシアのチェルノブイリ原発事故後、すぐ近くに住んでいたある家族の家の外には放射線物質が大量に存在していたのに、家の中にはほとんど存在しなかったという。専門のチームが色々と調べてみたところ、その家族は敬虔なクリスチャンで、部屋の中にはイエス・キリストの聖像が安置され、毎日、全員で祈りを捧げていたという。

先生はこれに関し、「祈り」によって精神の安寧が得られて副交感神経が優位に働くと、神（霊、気、スピリット）の力に助けられ、放射性物質も体のみならず家の中からも雲散霧消したということである（本書、四五―四六頁）と記しておられる。ともあれ、「癒し」には、さまざまな治癒力が働いていることを認めざるを得ないであろう。

最後に、本書の刊行にあたり、快く協力してくださった執筆者の諸先生に対し、改めて深甚の謝意を表するものである。

二〇一八年八月二八日　聖アウグスティヌス司教教会博士の記念日

編著者

上智大学名誉教授。イエズス会社会司牧センタースタッフ。NGO「かんぼれん」(カンボジアの友と連帯する会)代表。
著書:『Religion in the Japanese Textbooks』(編著、エンデルレ書店)、『飢餓と援助』(新幹社)、『差別社会と人権侵害』(編著、新幹社)、『現代社会と人権』(編著、新幹社)。

西村　惠信(にしむら・えしん)

臨済宗妙心寺の禅僧。花園大学名誉教授。京都大学大学院博士課程(宗教哲学専攻)修了。文学博士(愛知学院大学)。南禅寺専門道場にて坐禅修行、米国ペンデルヒル研究所にてキリスト教研究。花園大学学長、国際禅学研究所長、(公・財)禅文化研究所長、日本宗教学会理事、東西宗教交流学会理事など歴任。東西霊性交流プログラム日本側代表のほか、欧米諸大学に出講して禅学を講じる。第52回仏教伝道文化賞を受賞。
訳著書:H・デュモリン『仏教とキリスト教との邂逅』(春秋社)、『己事究明の思想と方法』、『キリスト者と歩いた禅の道』(以上、法蔵館)、『禅僧と神父の軽やかな対話』(大法輪閣)、『岩波文庫・無門関』(岩波書店)、『西田幾多郎宛、鈴木大拙書簡』(岩波書店)など多数。

ボネット・ビセンテ

イエズス会司祭。イギリスのヒゾロップカレッジ哲学修士号。上智大学物理学科卒。上智大学神学研究科博士課程修了。上智大学文学部教授を経て上智大学名誉教授。イエズス会社会司牧センタースタッフ。NGO「かんぼれん」(カンボジアの友と連帯する会)代表。
著書:『Religion in the Japanese Textbooks』(編著、エンデルレ書店)、『飢餓と援助』(新幹社)、『差別社会と人権侵害』(編著、新幹社)、『現代社会と人権』(編著、新幹社)。

増田　祐志(ますだ・まさし)

イエズス会司祭。2003年米ウエストン神学大学院修了。神学博士。その後、上智大学神学部講師、准教授、教授。
論文・著書:「近・現代のカトリシズム」『宗教的共生の思想』(教友社)、『カトリック神学への招き』(編著、上智大学出版)、『カトリック教会論への招き』(上智大学出版)。

と向き合う教育現場を語る言葉」（『生活指導』全国生活指導研究協議会・高文研）

クスマノ・ジェリー

1963年、イエズス会入会。1990年、Ph.D., Counseling Psychology, Arizona State University。1998–2015年上智大学教授（心理学科）。
上智大学文学部名誉教授。臨床心理士。産業カウンセラー。
著書：『サクセスフル・カウンセリング』（ブレーン出版）。

高柳　俊一（たかやなぎ・しゅんいち）

イエズス会司祭。上智大学文学部英文科、フォーダム大学大学院から博士号を受ける。ドイツのザンクト・ゲオルゲン神学院にて神学研究、神学修士号。元上智大学文学部英文学科教授。上智大学名誉教授。
著訳書：『英文学とキリスト教文学』（創文社）、『カール・ラーナー研究』（南窓社）、『T・S・エリオット研究』（南窓社）、『近代カトリックの説教』（編、教文館）。W・カスパー『マルティン・ルター』（教文館）など多数。

角田　佑一（つのだ・ゆういち）

イエズス会司祭。上智大学神学部常勤嘱託講師。神学博士。
専門分野は教義学、エキュメニズム、諸宗教対話。
論文：「清沢満之『純正哲学』における『現実』理解と関係論──ロッツェ『形而上学』の仏教哲学的解釈」（『哲学論集』34号、2005年）、「マタイ福音書における『毒麦の譬』の編集史的研究」（『カトリック研究』84号、2015年）。

デ・ルカ・レンゾ

イエズス会司祭。上智大学文学部哲学科、上智大学大学院神学科卒。九州大学大学院国史学科研究科修了。元日本二十六聖人記念館館長。キリシタン史専門。現在、イエズス会日本管区管区長。
著書：『旅する長崎学（1）』（共著、長崎文献社）、『神に喜ばれる奉仕　十二人の信仰論』（編著、サンパウロ）、『祈り』『愛』『希望』（編著、教友社）。

ボネット・ビセンテ

イエズス会司祭。イギリスのヒゾロップカレッジ哲学修士号。上智大学物理学科卒。上智大学神学研究科博士課程修了。上智大学文学部教授を経て

著者紹介（50音順）

越前　喜六（えちぜん・きろく）

イエズス会司祭。上智大学哲学研究科および神学研究科修士課程修了。上智大学文学部教授を経て上智大学名誉教授。専攻は人間学・宗教学。
著書：『多神と一神との邂逅――日本の精神文化とキリスト教』（共著、平河出版社）『人はなんで生きるか』（聖母の騎士社）、『わたしの「宗教の教育法」』（サンパウロ）、『神に喜ばれる奉仕』（編著、サンパウロ）、『祈り』『愛』『希望』『霊性』（編著、教友社）。

岡野　絵里子（おかの・えりこ）

詩人。詩集『発語』（思潮社）日本詩人クラブ新人賞、『陽の仕事』（思潮社）日本詩人クラブ賞など。元淑徳大学公開講座講師。ニッポン放送「心のともしび」寄稿者。聖書新翻訳事業、「聖書協会共同訳」（2018年12月発行）に参加。

片柳　弘史（かたやなぎ・ひろし）

イエズス会司祭。慶応大学法学部法律学科卒業後、インドに渡り、マザー・テレサのもとでボランティア活動。その後、イエズス会に入会。上智大学大学院神学研究科修士課程修了。現在、カトリック宇部教会、北若山教会、高千帆教会の主任司祭。
著書：『マザー・テレサは生きている』（教友社）、『こころの深呼吸――気づきと癒しの言葉366』（教文館）、『世界で一番たいせつなあなたへ――マザー・テレサからの贈り物』（PHP研究所）など。

萱場　基（かやば・もとい）

イエズス会司祭。北海道大学工学研究科（工学修士）、上智大学神学研究科（神学修士）。公立・私立中学高校で理科（化学）・倫理・宗教・聖書研究を担当。現在は学校法人上智学院監事、学校法人雙葉学園理事、特定非営利活動法人足立インターナショナルアカデミー理事長。
論文：「日本の若者とキリスト」（『100年の記憶――イエズス会再来日から一世紀』〔イエズス会日本管区編集〕南窓社）、「カトリック校の未来予想図」（『福音宣教』2012年12月号、オリエンス宗教研究所）、「『子どもの生きづらさ』

癒し——あなたは信仰によって癒される——

発行日………2018年11月26日 初版

編著者………越前喜六

発行者………デ・ルカ・レンゾ

発行所………イエズス会管区長室

102-0083 東京都千代田区麹町6－5－1

TEL03 (3262) 0282　FAX03 (3262) 0615

発売元………有限会社 教友社

275-0017 千葉県習志野市藤崎6－15－14

TEL047 (403) 4818　FAX047 (403) 4819

URL http://www.kyoyusha.com

印刷所………株式会社モリモト印刷

©2018, Society of Jesus Japanese Province　Printed in Japan

ISBN978-4-907991-47-0　C3016

落丁・乱丁はお取り替えします